PUHUA BOOKS

我们一起解决问题

指数基金定投从入门到精通

二师父◎著

人民邮电出版社
北京

图书在版编目（CIP）数据

指数基金定投从入门到精通 / 二师父著. -- 北京 : 人民邮电出版社, 2023.3
ISBN 978-7-115-60655-6

Ⅰ. ①指… Ⅱ. ①二… Ⅲ. ①指数－基金－投资－基本知识 Ⅳ. ①F830.59

中国版本图书馆CIP数据核字(2022)第232755号

内容提要

本书从指数基金的基本概念和分类讲起，详细介绍了指数基金定投盈利的本质逻辑，以及有哪些指数可供投资者选择。在此基础上，作者总结自己十几年的投资经验，一步一步给读者介绍了如何梳理家庭财务状况，如何选择不同种类的指数基金并加以合理组合配置，如何买入，以及何时应该卖出。在本书的最后，作者还把指数基金定投的理念延伸到生活中，介绍了自己的定投哲学，并对指数基金定投过程中的一些典型问题给出了详细的解答。

全书语言浅显易懂，涵盖了从入门到进阶的知识内容，适合无金融知识背景的基金投资者参考阅读。

◆ 著 二师父
责任编辑 王飞龙
责任印制 彭志环
◆ 人民邮电出版社出版发行 北京市丰台区成寿寺路 11 号
邮编 100164 电子邮件 315@ptpress.com.cn
网址 https://www.ptpress.com.cn
北京市艺辉印刷有限公司印刷
◆ 开本：880×1230 1/32
印张：6.5 2023 年 3 月第 1 版
字数：200 千字 2023 年 3 月北京第 1 次印刷

定 价：59.80 元

读者服务热线：（010）81055656 印装质量热线：（010）81055316
反盗版热线：（010）81055315
广告经营许可证：京东市监广登字20170147号

前 言

我的上一本书《指数基金定投，慢慢变富》出版已经有两年多的时间了。在这段时间里，我国的资本市场发生了很多变化，股市也从牛市变成了熊市，而不变的是我们对中国式投资哲学的坚定信仰，对美好生活的追求。人生中有很多东西会变化，但也有一些东西是不变的，比如一个人的雄心、气魄、胸襟、正直、善良、勤奋、坚毅、乐观、豁达。如果能把握住这些不变的东西，那么我们便可以任凭风吹雨打，依然闲庭信步。

在投资中也有很多不变的东西，这些我在第一本书里面已经做了介绍，在本书中我略加了一些内容，依然放在了重要的章节。

把握住不变的东西，然后跟随时代进步，这是一个人成长的基本要素。对于投资也是如此，因为每一轮牛市的方向都不一样。2007 年牛市的时候，我国经济增速是两位数，当时最牛的是银行板块；2015 年牛市主要是金融、互联网板块领涨；到 2020 年牛市的时候，领涨的则变成了新兴的锂电池和新能源板块。下一轮牛市的领涨板块会是什么？我想一定还会是一个新的方向，因为时代在进步，股市里面的资金也会跟随时代的步伐流动。

不管市场如何变化，只要股市依然开门交易，只要一个国家的经济持续向上增长，资本市场的总市值就一定会在波动中上行。因此，我们只要把握住股市中的主流宽基指数，就会取得与经济大盘增长相应的收益率。

我在这本新书里面加入了一些宏观分析的内容，因为一个人无论多么厉害，终究只是时代洪流中的一条鱼，把握宏观贝塔收益，远远比抓住单个方向的阿尔法收益重要。无论是世界经济的发展变化，国际关系的进程，美联储的货币政策，还是我国的财政政策，基本的方向和制度都是我们需要关注的，我们不能只走路而不看路，否则就容易摔跤。

当然，除了理念和思想，本书也增加了一些具体的实际操作案例和定投方法。这些都是我结合国内资本市场特点整理的独特方法，需要读者根据市场情况灵活使用。本书立足于基础的宽基指数基金定投，致力于使读者对家庭闲余资金配置有更深刻的理解。无论是日用和防守账户投资的货币基金，还是稳健账户投资的指数基金，或者进取账户投资的主动型股票基金，我们都需要去了解和学习，这有助于我们更合理地配置家庭资产。

道阻且长，行则将至；行而不辍，未来可期。人生路上或者投资路上，让我们一起行而不辍，但行好事。我相信，我们终将成为理想中的自己，过上美好的生活。

目 录

第 1 章

为什么要投资指数基金

1.1　投资前要想明白的两件事

第一，投资是为了什么

很多人在投资时，其实没有想明白投资是为了什么。有人认为买基金和炒股就是拿着钱去市场横扫千军，实现财富自由；也有人觉得自己就只有一点点资金，投资也解决不了实际问题，所以也没有投资的意愿。

实际上，投资不是为了暴富，也不是为了解决人生重大问题，而是为了更好地守护住自己的财富。

随着房地产金融属性的退潮，房子已经不再具备投资属性，过去多年买房躺赢的投资模式一去不复返。而与此同时，利率下行是时代趋势，货币基金的年化收益率现在（2022 年）仅为 1.5% 左右。如果手握大量现金，长期只能够获取 1.5% 的年化收益率，那么最终你的财富会被通胀侵蚀。

所以，投资基金的一个基本目标是为了让自己的财富不会被通胀侵蚀，保证自己的财富可以实现稳步增值。

第二，投资也要认真学习

普通人寒窗苦读 16 年，大学毕业之后才勉强找了一份养家糊口的工作。然而在投资市场，很多人连 16 分钟的学习时间都没有投入过，就企图通过他人的推荐购买基金或者股票实现大幅度盈利，这是不现实的。

我的公众号上经常会有读者留言：

“我最近刚学习基金投资，还不太会挑选基金，你给我推荐几只基金，保证每年的收益率达到 8% 就行。”

对于这种问题，我确实没法回答。因为金融市场本身具有短期不可预测性，而且基金公司也从来不会承诺收益率，最终的收益情况是与市场和经济周期、企业盈利水平密切相关的。

无论购买什么基金，我们都需要事先认真学习，就像学习大学专业课一样。只有自己真正明白投资原理，并且有了自己的独立判断之后，进入市场才不会被人欺骗。有一句话说得好：“他人即地狱。”如果你什么也不懂，那么遇到水平不行的朋友，按对方的推荐买入基金，就很容易掉入深坑。

投资是自己的事情，成年人必须学会对自己负责，对自己的钱负责。

只要愿意学习，基本上普通人都能掌握基金投资这项基本技能。这本书会将我的基金投资逻辑、投资系统及投资哲学都呈现给大家。我希望大家都可以找到适合自己的投资之路，实现资产保值增值，过上自己喜欢的生活。

一个人的财富高度是与他的认知高度相互匹配的。你的认知决定了你的财富，你永远赚不到超出自己认知范围的钱，除非你靠运气。但是，靠运气赚到的钱往往又会靠“实力”给亏损掉。你所赚的每一分钱，都是你对这个世界认知的变现。你所亏的每一分钱，也都是你对这个世界认知的缺陷导致的结果。这个世界最大的公平就在于，当一个人的财富大于这个人的认知时，这个世界会有 100 种方法来收割他的财富，直到他的认知与财富相匹配。

1.2 指数基金的概念

指数基金包括两个概念：一个是指数，另一个是基金。

什么是指数

指数是证券交易所或金融服务机构编制的反映股票市场价格和行情变动的指标。“指数”这个概念最早起源于美国，1884年，查尔斯·亨利·道和爱德华·琼斯编制了世界上第一个股票指数——道琼斯股票价格指数。

查尔斯·亨利·道和统计学专家爱德华·琼斯在华尔街共同创办了道琼斯公司，然后在道琼斯股票价格指数的基础上编制了道琼斯工业价格指数、道琼斯交通平均指数和道琼斯公用事业平均指数。这些指数为后来一系列指数的开发奠定了基础，而查尔斯·亨利·道和爱德华·琼斯也自然而然成了股票指数的奠基人。如今，这三种指数均由标准普尔道琼斯指数公司运营。

在股票指数被编制出来前，人们买卖股票时没有任何关于市场总体走势的信息可参考，非常不方便。道琼斯股票价格指数更加直观和透明地反映了股票市场整体的价格走势。

简单来说，指数的本质就是一“篮子”股票，编制指数的公司根据指数的选股规则挑选股票放入这个“篮子”中，然后每隔一段时间根据个股的变化情况，把“篮子”中不符合选股规则的股票剔除，再重新纳入符合选股规则的股票。

什么是基金

我经常听到散户说“我养的鸡长得很肥”或“我买了一只瘟鸡，准备把它给宰了”。这是投资者对基金交易的戏谑说法。那什么是基金呢？

基金是一种理财工具，它是由基金公司集中募集投资者的资金，然后由大型银行托管资金，由基金管理人管理和投资募集到的资金，通过风险共担的方式获得投资收益。这些资金既可以用于投资股票、债券，也可以用于投资外汇、固定收益品种等投资产品。

什么是指数基金

大家知道了指数和基金的概念，那么对指数基金就更加容易理解了。

基金公司用募集到的资金投资设立指数基金，由基金管理人来打理资金。不过，这个基金管理人不用自己选择基金中的投资品种，而是根据相应指数中的股票来被动地选择股票，复制指数的走势。当指数的持仓股票更换时，相应指数基金的持仓股票也会更换。这样的基金就是指数基金。

举个简单的例子，上证 50 指数是由上海证券交易所中市值最大的 50 只股票组成的蓝筹股指数。

如果一家基金公司想要发布上证 50 指数基金，那么这家基金公司的管理人就需要向中国证监会提出设立申请，上报相关法律文件（如设立上证 50 指数基金的申请报告、基金契约、托管协议、招募说明书、销售协议等），然后由证监会审核基金管理人的资格、基金托管人的资格、托管协议等，经审核通过后，这家基金公司才能够进行设立上证 50 指数基金的筹备工作。

例如，易方达基金公司发起了上证 50 指数基金，其基金管理人只需要根据上证 50 指数的指数编纂规则复制上证 50 指数的持仓股票。因为不同基金公司的管理人复制指数的水平是不一样的，所以追踪同一指数的不同指数基金跟踪指数的误差也不同。

易方达上证 50 指数基金是增强型指数基金，其基金经理在复制上证 50 指数的持仓股票的同时，也会自己去选择持仓股票。投资者在进行被动指数基金投资时，应尽量选择追踪指数误差小、费率低的纯被动指数基金进行定投。

1.3　指数基金的优势

巴菲特很少向人推荐具体的股票，但是他曾多次在公开场合推荐指数基金。

第一次：1993 年。巴菲特在致股东的信中指出，通过定期投资指数基金，一个什么都不懂的业余投资者往往能够战胜大部分专业投资者。巴菲特的观点不仅适用于美国股市，而且更加符合我国股市过去几十年的情况。在过去的几十年中，一些普通投资者每天花费大量的时间研究股票，炒股几十年不仅没有赚到钱，反而把本金给亏了。

股市中“一赚二平七亏”的定律适用于每一个市场。但是，那些放弃研究股票，在股市低位买入一只或两只指数基金的投资者，却轻松取得了年化收益率为 10% 的成绩，也轻松战胜了大部分专业投资者。

第二次：1996 年。巴菲特在致股东的信中指出，大部分投资者，包括机构投资者和个人投资者，早晚会发现，最好的股票投资方法是购买管理费用较低的指数基金。这是 20 多年前巴菲特讲的话，2018 年作为我国指数基金发展元年，很多个人投资者和机构投资者都发现了指数基金的优势。在 2018 年熊市、公募基金总体份额不断缩水的情况下，指数基金的份额却因为其安全性而在熊市中逆势增长。我们相信未来会有更多的投资者意识到指数基金的价值。

第三次：1999 年。巴菲特在推荐书评中指出，约翰·博格创立先锋基金公司，通过开发指数基金成为全球最大的基金管理公司之一。博格在 1999 年出版了《共同基金必胜法则》，他在该书中强烈推荐投资指数基金。

第四次：2003 年。巴菲特在致股东的信中指出，那些收费非常低廉的指数基金，如约翰·博格的先锋基金公司旗下的指数基金在设计上是非常适合投资者的，对大多数想要投资股票的人来说，收费很低的指数基金是最理想的选择。

目前，我国指数基金的费率还是比美国先锋基金公司旗下的指数基金的费率高。不过，随着越来越多的基金公司开始布局指数基金并降低指数基金的费率，未来我国指数基金的费率会越来越低，指数基金也会得到更多投资者的青睐。

第五次：2004 年。巴菲特在致股东的信中指出，通过投资指数基金可以轻松分享美国企业创造的优异业绩。但绝大多数投资者很少投资指数基金，结果他们的投资业绩大多平平甚至亏得惨不忍睹。无数想要在股市发财的投资者遇到牛市的时候都能够通过股票投资获胜，可是遇到熊市时，大部分投资股票的投资者就会亏损。投资指数基金的优势在于熊市可以少亏，牛市来了能够享受牛市带来的丰厚利润。

第六次：2007 年。巴菲特在接受电视台的采访时指出，个人投资者的最佳选择就是买入一只低成本的指数基金，并在一段时间内持续定期买入。如果你坚持定期买入指数基金，那么你可能不会买在最低点，但你同样也不会买在最高点。巴菲特介绍的这种方法就是在指数基金被低估的时候建立底仓，然后开始定投。

第七次：2008 年。在伯克希尔·哈撒韦公司股东大会上，主持人问道："巴菲特先生，假设你只有 30 岁左右，没有什么其他经济来源，只能靠一份全职工作谋生，因此根本没有多少时间研究投资。但是，你已经有笔储蓄，足够维持一年半的生活开支。那么，你攒的第一个 100 万美元将会如何投资？请告诉我们具体投资的资产种类和配置比例。"

巴菲特回答道："我会把所有的钱都投资到一只低成本的跟踪标普 500 指数的指数基金上，然后继续努力工作。"如果投资者在我国，二师父就会建议投资者把所有的钱投资到一只低成本的跟踪沪深 300 指数的指数基金上，然后继续努力工作，增加收入。

第八次：2013 年。巴菲特在致股东的信中写道："如果要立遗嘱，去实现把现金交给守护我老婆利益的托管人，我对托管人的建议是把 10% 的现金用来买短期政府债券，把 90% 的资金用于购买成本非常低的跟踪标普 500 指数的指数基金。"

很多人都说，巴菲特自己并未投资过指数基金，那是因为巴菲特具有超高的分析和选股能力，而普通投资者并没有很多精力研究股票。因此，指数基金的天然优势决定了其适合普通投资者。

投资过程中最重要的是有自知之明，而且投资者要遵循渐进式的学习方法，先通过低成本、低门槛的指数基金定投弄清楚股票获利的基本原理并通过指数基金定投挣到钱，然后再从指数基金定投延伸到个股投资上。这样循序渐进的学习方式可以让普通投资者真正入门。否则，如果投资者一进入股市就选择难度较大的个股进行投资，那么很容易导致亏损并对股市失去信心。选择指数基金定投就是为了先小胜而后求大胜。

那么，巴菲特在公开场合多次推荐的指数基金，其优势究竟是什么呢？

第一个优势：指数基金的费率低

对于主动型的基金（如主动型的股票基金或混合基金），基金经理需要主动选择基金的持仓股票，运营成本比较高，所以主动型的基金比被动选股的指数基金的管理费和托管费要高。因此，选择费率低廉的指数基金能为我们的投资节省一定的成本。我们比较一下同一基金公司旗下不同基金的费率（见表 1-1

和表 1-2）。

表 1-1　易方达沪深 300ETF 联接 A 基金的费率结构

申购费率

申购金额 M（元）（含申购费）	申购费率
M ＜ 100 万	1.20%
100 万≤ M ＜ 500 万	0.80%
500 万≤ M ＜ 1000 万	0.20%
M ≥ 1000 万	按笔收取，1000 元 / 笔

注：在申购费按金额分档的情况下，如果投资者多次申购，申购费适用单笔申购金额所对应的费率。

赎回费率

持有时间（天）	赎回费率
0 ~ 6	1.50%
7 ~ 364	0.50%
365 ~ 729	0.25%
730 及以上	0

管理费、托管费、销售服务费

管理费	0.15%
托管费	0.05%
销售服务费	0

表 1-2　易方达消费行业股票基金的费率结构

申购费率

申购金额 M（元）（含申购费）	申购费率
M ＜ 100 万	1.50%
100 万≤ M ＜ 500 万	1.20%
500 万≤ M ＜ 1000 万	0.30%
M ≥ 1000 万	按笔收取，1000 元 / 笔

注：在申购费按金额分档的情况下，如果投资者多次申购，申购费适用单笔申购金额所对应的费率。

赎回费率

持有时间（天）	赎回费率
0 ~ 6	1.50%
7 ~ 364	0.50%
365 ~ 729	0.25%
730 及以上	0.00%

管理费、托管费

管理费	1.50%
托管费	0.25%

单从基金管理费和托管费两项比较，纯被动的易方达沪深 300ETF 联接 A 基金的费率比主动型的易方达消费行业股票基金的费率低 1.55 个百分点，如果持有基金资产 100 万元一年，那么相当于可以少交 1.55 万元的费用，这是一笔不小的数目。

如果投资者选择纯被动的指数基金进行定投，而不是主动型基金，就能够节省这笔费用，进而提高了收益率。

第二个优势：持仓股透明

指数基金是被动地复制指数的持仓股票的，因此我们通过查阅指数的持仓股票就能够知道指数基金的持仓股票。

以沪深 300 指数为例，我们可以在中证指数官网查到其前十大重仓股票（见表 1-3）。

表 1-3　沪深 300 指数前十大重仓股票

十大权重股　　截止日期：2019-11-01

代码	简称	行业	权重（%）
601318	中国平安	金融地产	7.59
600519	贵州茅台	主要消费	4.64
600036	招商银行	金融地产	2.94
000651	格力电器	可选消费	2.39
600276	恒瑞医药	医药卫生	2.23
000333	美的集团	可选消费	2.23
601166	兴业银行	金融地产	2.20
000858	五粮液	主要消费	2.02
600887	伊利股份	主要消费	1.40
600030	中信证券	金融地产	1.36

在中证指数官网上不仅可以查到沪深 300 指数的重仓股票，而且可以查到该指数的全部持仓股票及其权重。投资者可以根据这些数据决定是否购买。

更为关键的是，指数在编制选股方案时会明确规定指数持仓股票的调整时间。例如，对于沪深 300 指数，一般在每年 5 月和 11 月的下旬审核沪深 300 指数的样本股，其样本股的调整实施时间分别是每年 6 月和 12 月的第二个星期五的下一个交易日。

这样调仓换股的好处是每隔一段时间指数中的劣质持仓股票会被剔除出去，然后纳入符合指数选股规则的优质股票，从而使指数的持仓股票一直保持优质。

第三个优势：指数具有永续性

投资指数基金其实就是投资指数。指数具有永久性，只要证券市场存在，指数就不会消亡。

以沪深 300 指数为例，它选择了上海和深圳证券市场中市值大、流动性好的 300 只股票作为样本股，并且每年 6 月和 12 月会定期把持仓中的劣质股票剔除，重新纳入符合选股规则的优质股票。这样的话，只要上海和深圳证券交易所还开门，那么沪深 300 指数就会一直存在。这也保证了投资者投资这个指数的安全性。

很多企业的寿命都很难超过 20 年，这也增加了投资股票的风险性，而指数的永续性则避免了这种风险。

第四个优势：指数基金具有稳定性

指数基金的持仓股票非常稳定，因为每个指数每年会固定一次或两次调仓换股，所以指数基金的持仓股票的变化情况不会特别大。

主动型的股票基金则不一样，其基金经理会根据自己的风格选择当下表现好的股票进行调仓换股，因此其持仓股票会经常处于一个变动的过程中。另外，当主动型的股票基金的基金经理发生变动的时候，基金的持仓风格和持仓股票会发生较大的变动。因此，经常会出现一只表现好的主动型股票基金的基金经理发生变动之后，其持仓股票也会变动，从而导致该主动型股票基金大幅下跌。

相比较而言，指数基金更加稳定，因此适合普通投资者。

第五个优势：指数基金具有周期性

指数基金的净值 = 指数基金的市盈率 × 盈利

因为指数基金持有的是一“篮子”股票，而“篮子”里面的股票都是 A 股的优质股票，所以指数基金的盈利一般是持续上涨的。而指数基金的市盈率一直在一个稳定的范围内波动，从低到高，从高到低，呈现一种周期性的波动。

投资者应把握指数基金的周期性，在指数基金的市盈率跌到相对低的位置时开始建仓，然后在指数基金的市盈率达到一个相对高的位置时卖出，这样投资者就可以随着指数基金的市盈率和盈利的增长而赚到钱了。

世间万物，皆有周期。小到个体，大到国家经济，都逃不开周期。

对投资而言，投资股市的本质就是把握周期。而股市永远都会在极度低估和极度高估之间往返摆动。我们无法预测股市明天的涨跌，但是能够知道其大致的周期。

只要利用好指数基金估值的周期性变化，普通投资者也能够通过定投指数基金挣钱。

在美国，指数基金兴起于 20 世纪 70 年代，那时候“指数基金教父”约翰·博格先生创立了先锋基金公司，致力于推广指数基金。在他的努力之下，美国指数基金的费率降到了0.1%。20 世纪 90 年代，美国的交易型开放式指数基金（ETF）开始活跃于市场。经过近 30 年的发展，美国指数共同基金及 ETF 的净资产已经占公募基金净资产总额的 40%。

然而，我国指数基金的发展还比较缓慢。截至 2020 年初，我国指数基金的净资产占整个投资证券基金净资产总额的 4.5%。随着金融市场的不断完善及投资者风险意识的提升，我国指数基金将迎来一个快速增长期。如今正是我们投资指数基金的好时机。因此，广大投资者应抓住这个机会。

稀缺的事物才更显珍贵。国债逆回购之所以收益高，是因为购买的人少，可转债打新也一样，还有曾经收益率较高的货币基金。任何投资品种，只要被市场广为流传就会逐步失去价值。指数基金也是如此。

有的投资者可能会问，以后投资指数基金的人会越来越多，那么其收益率是不是会下降？二师父认为，鉴于当前我国指数基金的普及程度，指数基金投资还处于新兴阶段，指数基金在我国至少还有 10 ~ 20 年的黄金发展阶段，如果 20 年以后其收益率降低了，那么我们可以再投资其他品种。

1.4 什么是指数基金定投

指数基金定投是指在一定时间内按照一定的频率对指数基金投入一定的金额。频率可以是每月、每周、每天，金额可根据自己的投资总额划分成若干份，每次定投一部分。

总结起来，共有四种指数基金定投模式。

（1）定期定额定投。以定投沪深 300 指数基金为例，投资者可以于每月的月初定投 1000 元，或者于每周的周一定投 300 元，这就是定期定额定投。

（2）定期不定额定投。以定投沪深 300 指数基金为例，投资者可以选择于每月的月初进行定投，根据沪深 300 指数的估值来决定定投金额。沪深 300 指数估值较高的时候，投资者每月可少投一部分金额，当沪深 300 指数估值较低的时候，每月可多投一部分金额。这种定投方式能够使投资者在沪深 300 指数基金相对便宜的时候积累更多的基金份额。

（3）不定期定额定投。这种定投方式比较灵活，投资者可以根据大盘或指数的估值来选择定投的时间。例如，当大盘或指数整体估值较低的时候开始定投，固定定投 1000 元，随着指数估值的下移适当增加定投频率，定投金额还是固定的 1000

元；当大盘或指数估值比较高的时候停止定投。

（4）还有另一种定投方式，即投资者根据所持指数基金仓位及大盘指数估值决定是否定投，再根据具体指数基金估值决定定投份额，指数基金估值越低，定投份额越多；估值越高，定投份额越少，直到停止定投。

定投的目的是什么呢？我们由收益率公式可以知道。

收益率 =（卖出价格 − 买入成本）÷ 买入成本

如果指数基金的卖出价格一定，那么投资者买入指数基金的成本越低，收益率就越高。

定投指数基金的前提是投资者不知道股市的未来走向是怎样的，就“牛短熊长”的特性而言，A 股大部分时间处于熊市阶段。因此，投资者在熊市的时候要不断分批次定投指数基金，这样就可以买在相对低位，然后积累足够便宜的优质资产，当牛市来临时就可以获得可观的利润了。

1.5 通过指数基金定投慢慢变富的原理

富人为什么富有？因为他们拥有能够产生源源不断的现金

流的优质资产。

在金融领域，金钱并不是一张张沉睡的钞票，如果学会投资，学会用钱购买资产，那么就相当于这些钱 24 小时在为我们打工，让我们的财富增值。与其让钱躺在钱包中贬值，为何不利用其为自己实现复利增值呢？

要想变富，就要积累资产，当我们积累的资产所产生的现金流能够覆盖自己的日常支出时，我们就进入了富人的初级阶段。

什么是资产呢？能够带来房租收益的房地产、能够带来稳定营业收入的企业、能够带来稳定现金分红的股权、能够带来稳定分红的指数基金，这些都是资产。简而言之，能够为你带来稳定现金流的投资品种都可以被称为优质资产。

通过指数基金定投慢慢变富的基本原理有两点。

（1）指数基金自身的增值特性。因为指数基金持有的是一"篮子"优质股票，所以指数基金本身是不断增值的。

（2）指数基金是优质资产，通过购买这种资产可以让投资者拥有稳定可观的现金流。指数基金是当前我国门槛较低、较容易积累的资产。

第 2 章

指数基金有哪些类别

2.1 基金分类

债券基金

债券基金是将大部分资金用于投资债券的基金，其收益率主要来源于债券的利息和利率变动。无论是政府还是企业，在需要筹集资金的时候，只要满足一定条件就可以发行债券。

投资者购买了债券，发行债券的主体会承诺还钱的时间和利息。

国家发行的债券是国债，金融机构发行的债券是金融债，政策性银行发行的债券被称为政金债，企业发行的债券被称为企业债。

按资金用途划分，债券基金可分为纯债基金、二级债基、可转债基金。

纯债基金是指资金全部用来投资债券的基金，其募集到的资金既不用来打新股，也不用来购买股票。纯债基金在所有债基里面是风险相对较低的。在纯债基金里面，根据投资债券的久期又可以将其分为短债基金和长债基金。

二级债基一般是股票投资仓位低于 20%、债券投资仓位高于 80% 的基金，它的风险低于股票基金、高于纯债基金。

可转债基金是指主要投资可转债的基金。可转债是可转换债券，投资者购买了可转债既可以当作债券交易，也可以转换成上市公司股票进行交易。

混合基金

混合基金是指投资于股票、债券、货币等多个市场的基金，它的风险高于债券基金、低于股票基金。

混合基金的仓位相对灵活，根据股票仓位不同又分为偏股型混合基金、偏债型混合基金、平衡型混合基金。因为选股和仓位管理比较灵活，所以混合基金的表现比较依赖基金经理和基金公司的水平。

主动型股票基金

主动型股票基金是指 80% 以上的仓位都用来投资股票，基金经理主动管理持仓股票的基金。

因为有仓位限制，所以即使看空市场，股票型基金的仓位也需要保持在 80% 以上，所以股票型基金的风险是相对最高的。

指数基金

指数基金一般也属于股票基金，与主动型股票基金相对，属于被动型基金，具体介绍参见本书的 1.1 节，此处不再赘述。

2.2 指数的不同分类标准

我国股票市场的指数可以分为中证系列指数、上证系列指数、深证系列指数和国证系列指数。在每一个系列中，指数又分为宽基指数、行业指数、风格指数、策略指数等。

宽基指数又被称为市值指数。

上市公司的市值 = 发行的股份 × 股票市场价格

大盘股是市值总额在 200 亿元以上的公司发行的股票，由大盘股组成的指数被称为大盘股指数，是宽基指数的一种。小盘股一般是市值总额低于 5 亿元的公司发行的股票，由小盘股组成的指数被称为小盘股指数。中盘股指数就是持仓股票市值规模在大盘股和小盘股之间的宽基指数。

行业指数是按行业划分出成分股而编制的指数，具体方法就是按照国际主流行业分类标准对市值指数的成分股进行分类，然后将划分到各行业的成分股编制成相应的行业指数。

目前 A 股市场主要有 10 个一级行业：能源、原材料、工业、可选消费、主要消费、医药卫生、金融地产、信息技术、电信业务和公用事业。根据行业划分，沪深 300 宽基指数也可以细分成沪深 300 能源指数、沪深 300 原材料指数、沪深 300 工业指数、沪深 300 可选消费指数、沪深 300 主要消费指数、沪深 300 医药卫生指数、沪深 300 金融地产指数、沪深 300 信息技术指数、沪深 300 电信业务指数和沪深 300 公用事业指数共 10 个行业指数。

风格指数是指根据股票的风格特征划分的指数。股票的风格主要包括成长风格和价值风格。成长风格的特征因子包含 3 个变量：主营业务收入增长率、净利润增长率和内部增长率。价值风格的特征因子包含 4 个变量：股息收益率、每股净资产与价格比率、每股净现金流与价格比率、每股收益与价格比率。

编纂风格指数的公司会根据特征因子对样本空间中的股票进行评分，并将样本空间中价值评分最高的一部分股票纳入价值指数，将样本空间中成长性评分最高的一部分股票纳入成长指数。

策略指数和市值指数之间最主要的区别在于两者的加权方式不同。以常见的低波动策略为例，沪深300低波动指数的样本股的权重分配与其历史波动率的倒数成正比，也就是说股票的波动率越小，权重越高。常见的策略包括基本面策略、低波动策略、动态策略、稳定策略、AH价差策略、红利策略。

2.3 常见的宽基指数

常见的宽基指数之上证50指数

上证50指数是以上证180指数为样本股，选择其中规模最大、流动性最好的50只股票组成的指数，它能够反映上海证券交易所中最有影响力的优质公司的股票价格的表现。由于持仓股票都是蓝筹股，因此上证50指数又被称为蓝筹股指数。

目前（2022年10月），在上证50指数的重仓股票中，金融行业股票所占的比例为29%，比2020年我在写《指数基金定投，慢慢变富》这本书时金融行业股票占比 58% 降低了一半。这也显示了指数本身的优势，具有动态调整、保持持仓股票优质的特点。

根据马太效应，规模大的龙头公司更容易融资，垄断发展资源，形成宽阔的护城河。在经济形势好的时候，上证 50 指数表现会相对较好。在经济形势差的时候，上证 50 指数表现会相对较差。

剔除规模在 2 亿元以下的基金，目前复制上证 50 指数的 LOF 基金有易方达上证 50，ETF 有工银上证 50ETF、建信上证 50ETF、博时上证 50ETF、华夏上证 50ETF，场外基金有易方达上证 50ETF 联接、博时上证 50ETF 联接、华夏上证 50ETF 联接。

常见的宽基指数之中证 100 指数

中证 100 指数由沪深 300 指数成分股中规模最大的 100 只股票组成，综合反映了我国 A 股市场中最具市场影响力的一批超大市值公司的股票价格的表现。

中证 100 指数的持仓股票比沪深 300 指数的持仓股票更加集中，比上证 50 指数的持仓股票的覆盖面更广。上证 50 指数相当于沪市的蓝筹股指数，中证 100 指数相当于沪深两市的蓝筹股指数。

中证 100 指数的持仓股票和上证 50 指数的持仓股票的重合度很高。投资者在投资时不适合同时对二者进行定投，若二者同时低估，则应选择其中一只指数基金进行定投；若二者只有一只低估，则应选择其中低估的指数基金进行定投。

剔除规模在 2 亿元以下的基金，目前复制中证 100 指数的 ETF 有招商中证 100ETF、华宝中证 100ETF、广发中证 100ETF，场外基金有南方中证 100 指数基金、华富中证 100 指数基金、诺安中证 100 指数基金、华宝中证 100 指数基金、长盛中证 100 指数基金等。

常见的宽基指数之沪深 300 指数

沪深 300 指数由上海和深圳证券市场中市值大、流动性好的 300 只股票组成，其成分股包含中证 100 指数的成分股。由于沪深 300 指数的持仓股票都是大盘股票，所以沪深 300 指数又被称为大盘股指数。

沪深 300 指数的重仓股和上证 50 指数的重仓股的重合度也比较高，但个股权重有所区别。

如果投资者想要投资的股票更加集中，那么低估的上证 50 指数更好；如果投资者想要投资的股票更加分散，那么低估的沪深 300 指数更好。

剔除规模在 2 亿元以下的基金，目前复制沪深 300 指数的 LOF 基金有汇添富沪深 300、鹏华沪深 300，ETF 有泰康沪深 300ETF、华安沪深 300ETF、天弘沪深 300ETF、国联安沪深 300ETF、工银沪深 300ETF、国寿安保沪深 300ETF、平安沪深 300ETF、广发沪深 300ETF、易方达沪深 300ETF、南方沪深 300ETF、华夏沪深 300ETF、嘉实沪深 300ETF、华泰柏瑞沪深 300ETF，场外基金有国联安沪深 300ETF 联接、天弘沪深 300ETF 联接、工银沪深 300ETF 联接、人保沪深 300 指数基金、国寿安保沪深 300ETF 联接、平安沪深 300ETF 联接、前海开源沪深 300 指数基金、华泰柏瑞沪深 300ETF 联接、农银汇理沪深 300 指数基金、易方达沪深 300ETF 联接、华夏沪深 300ETF 联接、南方沪深 300ETF 联接、工银瑞信沪深 300 指数基金、广发沪深 300ETF 联接、国泰沪深 300 指数基金、大成沪深 300 指数基金、博时裕富沪深 300 指数基金等。

常见的宽基指数之中证 500 指数

中证 500 指数由从 A 股中剔除沪深 300 指数的成分股即总市值排名前 300 名的股票后，总市值排名靠前的 500 只股票组成，综合反映了我国 A 股市场中中小市值公司的股票价格的表现。

投资者可以这样理解，中证 500 指数的持仓股票是剔除沪深 300 指数的持仓股票后的前 500 只股票，即市值排名为 301 名到 800 名的 500 只中盘股。

沪深 300 指数是大盘股指数的代表，中证 500 指数是中盘股指数的代表。从两个指数的编纂规则中可以看到，沪深 300 指数和中证 500 指数的持仓股票并没有重合，二者可以同时配置，实现大盘和中盘的轮动涨跌效应。

剔除规模在 2 亿元以下的基金，目前复制中证 500 指数的 LOF 基金有中信保诚中证 500、西部利得中证 500、汇添富中证 500、鹏华中证 500，ETF 有国泰中证 500ETF、天弘中证 500ETF、鹏华中证 500ETF、博时中证 500ETF、平安中证 500ETF、易方达中证 500ETF、国寿安保中证 500ETF、华泰柏瑞中证 500ETF、华夏中证 500ETF、广发中证 500ETF、南方中证 500ETF、嘉实中证 500ETF，场外基金有泰康中证 500ETF

联接、博时中证 500ETF 联接、易方达中证 500ETF 联接、平安中证 500ETF 联接、华泰柏瑞中证 500ETF 联接、华夏中证 500ETF 联接、天弘中证 500ETF 联接、嘉实中证 500ETF 联接、广发中证 500ETF 联接、南方中证 500ETF 联接等。

常见的宽基指数之中证 1000 指数

中证 1000 指数选取中证 800 指数样本以外的规模偏小且流动性好的 1000 只证券作为指数样本，与沪深 300 指数和中证 500 指数形成互补。

简单总结下，沪深 300 指数是沪深市场中市值规模排名 1 到 300 的股票集合。中证 500 指数是沪深市场中市值规模排名 301 到 800 的股票集合。中证 1000 指数是沪深市场中市值规模排名 801 到 1800 的股票集合。

中证 1000 指数中的 1000 只股票虽然规模偏小，但是市场流动性比较好。大部分个股市值不超过 200 亿元。平均个股市值为 125 亿元左右，主要是市值集中在 50 亿 ~200 亿元的小盘股，相比沪深 300 指数和中证 500 指数，小盘特征明显。

中证 1000 指数成分股较多，权重比较分散，避免了单一个股或者行业发生“黑天鹅事件”对指数产生影响。

从细分行业来看，中证 1000 指数中占比最大的行业比例不超过 15%。权重排名前 10 的公司加起来总权重不超过 10%，权重排名前 20 的公司总权重之和不超过 20%，整体权重集中度低。

中证 1000 指数中有很多股票属于专精特新领域，双创板块占比接近 30%，反映了专精特新科技创新的优势，整体成长性好于沪深 300 和中证 500。

剔除规模在 2 亿元以下的基金，目前复制中证 1000 指数的 ETF 基金有汇添富中证 1000ETF、广发中证 1000ETF、易方达中证 1000ETF、富国中证 1000ETF、华夏中证 1000ETF、南方中证 1000ETF，场外基金有富国中证 1000 指数增强基金等。

常见的宽基指数之国证 2000 指数

国证 2000 指数由沪深市场扣除市值规模排名前 1000 的股票后，选取市值大、流动性好的 2000 只股票作为成分股，反映了沪深市场小盘股的行情走势。

沪深 300、中证 500、中证 1000 都是由中证指数公司编制的，而国证 2000 指数是由深交所旗下的国证指数公司编制的。

国证 2000 指数持股分散，多达 2000 只，单只股票权重低，避免了单一重仓股票发生“黑天鹅事件”对指数的影响，同时覆盖了小盘股的消费、医药、工业、原材料、信息技术等优质行业。它是除了中证 500 指数和中证 1000 指数以外，持仓股市值规模更小的小盘股指数。

和中证 1000 指数一样，国证 2000 指数里面也有很多专精特新上市公司，覆盖了很多小而美的细分优质企业，具有较好的成长性。

剔除规模在 2 亿元以下的基金，目前复制国证 2000 指数的 ETF 基金有万家国证 2000ETF。

常见的宽基指数之创业板指数

在上海或深圳证券交易所主板上市的企业经营规模大、市值高、流通性好。而还有一部分创业型企业、高科技企业无法达到主板上市的条件。因此，在 2009 年，创业板在深交所开板，让这些创业型企业也能够上市并顺利融资。

我国的创业板与美国的纳斯达克相似，美国的纳斯达克有很多科技类公司，我国的创业板也有很多互联网、传媒类型的公司，其成长潜力巨大。

与创业板相关的指数有三个，第一个是创业板综合指数，第二个是创业板指数，第三个是创业板 50 指数。

创业板综合指数的持仓股票是创业板全部的上市企业，它代表着创业板全部上市公司的股价表现。

创业板指数的持仓股票是创业板上主要的 100 家规模较大、流动性较好的企业，它代表着创业板最主要的 100 家上市公司的股价表现。

创业板 50 指数相当于是在创业板指数的样本中优中选优，选择流动性好的 50 家企业作为持仓股票，衡量最主要的 50 家创业板上市公司的股价表现。

目前被基金产品复制的主要是创业板指数和创业板 50 指数，创业板综合指数更加适合作为一个判断创业板行情的指数。

创业板中大多数公司都是盈利不稳定的创业型公司，相对于主板指数，它的波动会更大，投资者需要应对更大的波动和回撤。

剔除规模在 2 亿元以下的基金，目前复制创业板指数的 ETF 有博时创业板 ETF、易方达创业板 ETF、南方创业板 ETF、广发创业板 ETF、华夏创业板 ETF、平安创业板 ETF、天弘创业板 ETF，场外基金有天弘创业板 ETF 联接、南方创业板 ETF 联接、广发创业板 ETF 联接、华夏创业板 ETF 联接、平安创业板 ETF 联接、博时创业板 ETF 联接、易方达创业板 ETF 联接、富国创业板指数等基金。

剔除规模在 2 亿元以下的基金，目前复制创业板 50 指数的 ETF 有华安创业板 50ETF，场外基金有交银创业板 50 指数、华安创业板 50、华安创业板 50ETF 联接。

常见的宽基指数之上证指数

上证综合指数简称上证指数，是由在上海证券交易所上市的符合条件的股票与存托凭证作为样本，反映了上海证券交易所上市公司的整体表现。

这个指数震荡比较大，更加适合网格。一直有段子戏言，“A 股上证指数常年都是 3000 点保卫战”，如果投资者围绕上证指数在 3000 点到 3400 点之间不断地做网格或波段交易，也会有不错的利润。

目前剔除规模 2 亿元以下的基金，复制上证指数的 ETF 有富国上证综指 ETF、国泰上证综指 ETF。

2.4 常见的行业指数

行业指数可分为周期性行业指数和非周期性行业指数。非周期性行业是指那些不受宏观经济影响的行业，这些行业集中在衣、食等方面。因为不管宏观经济怎么变化，人们都无法避免穿衣、吃饭、看病的需求，所以主要消费、医药、服装、交通运输等行业受宏观经济的影响很小。

周期性行业是指与国内或国际经济波动相关性较强的行业，如钢铁、传媒、煤炭、券商等行业。周期性行业的特征是其产品价格随着宏观经济的波动而呈周期性波动，盈利非常不稳定。

如前所述，A 股市场上市公司主要有 10 个一级行业。在一级行业中还有很多二级行业，例如，金融地产行业中还包括银行、保险、券商、地产等二级行业。

我们在上一节中已经介绍了常见的宽基指数，市场上宽基指数的品种已经很多了，能够满足大部分投资者的需求，那么为什么还要配置行业指数基金呢？

根据美林时钟模型，我们可以将经济周期分为 4 个阶段，即复苏阶段、繁荣阶段、滞胀阶段和衰退阶段，如图 2-1 所示。

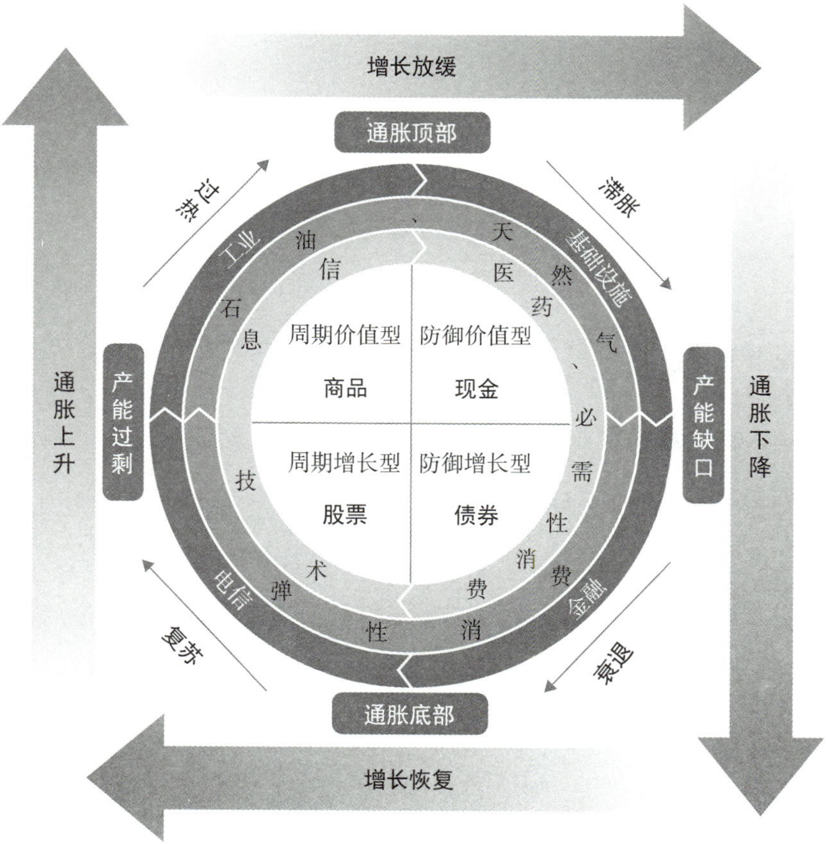

图 2-1　美林时钟模型

在经济周期的不同阶段，不同行业指数的涨跌幅是不同的。有的行业在复苏阶段和繁荣阶段涨幅大，能够跑赢上证综合指数。有的行业在滞胀阶段和衰退阶段涨幅大，能够跑赢上证综合指数。因此，我们要在不同的阶段配置不同的行业指数基金，实现行业轮动的超额收益。

经过比较分析，我们发现有 3 个行业（金融服务、食品饮料、医药）跨越了经济周期的 3 个阶段，是穿越牛熊市的行业。在经济周期的大部分阶段，这类行业都有较好的超额收益。因此，投资者应该对这些行业的指数进行重点配置。

常见的优质行业之主要消费行业

主要消费行业是指生产人们生活中必备的消费品的行业，如牛奶、调料等。吃饭、喝水都是人体所必需的，人可以一个星期不玩手机，很少有人一个星期不吃饭、不喝水。因此，手机、家电这些就是可选消费品，而我们吃的食物、喝的饮料都是必需消费品，生产这些消费品的企业构成了主要消费行业。由主要消费行业的股票组成的指数就是主要消费指数。

因为主要消费行业的产品需求很旺盛，所以这些行业的企业具有天然的护城河，企业的营业收入、盈利和股票涨幅也比较好。贵州茅台的市值 10 年上涨 19 倍，伊利股份的市值 10 年上涨 18 倍，泸州老窖的市值 10 年上涨 16 倍，衡水老白干的市值 10 年上涨 14 倍，海南椰岛的市值 10 年上涨 10 倍。因为主要消费行业有着天生的行业壁垒，再加上优质企业的护城河，所以主要消费行业的股票净资产收益率通常在 20% 以上。

常见的主要消费行业指数包括以下几种。

（1）中证食品饮料指数

中证食品饮料指数是从沪深 A 股中挑选归属于酒、饮料、食品行业的上市公司作为样本股，以反映食品饮料行业公司股票的整体走势。剔除规模在 2 亿元以下的基金，目前复制中证食品饮料指数的 ETF 基金有天弘中证食品饮料 ETF，场外基金有天弘中证食品饮料 ETF 联接基金等。

（2）中证消费指数

中证消费指数由中证 800 指数样本股中的主要消费行业股票组成，以反映该行业公司股票的整体表现。剔除规模在 2 亿元以下的基金，目前复制中证消费指数的 ETF 基金有汇添富中证主要消费 ETF、嘉实中证主要消费 ETF，场外基金有嘉实中证主要消费 ETF 联接、汇添富中证主要消费 ETF 联接等。

（3）中证白酒指数

中证白酒指数是以中证全指为样本空间，选取其中与白酒生产业务相关的上市公司股票作为成分股。其样本股调整时间为每年 6 月和 12 月的第二个星期五的下一个交易日。剔除规模在 2 亿元以下的基金，目前复制中证白酒指数的 LOF 基金有招商中证白酒等。

常见的优质行业之医药行业

医药行业与人们的生活息息相关，不管何时，人们都有看病吃药的需求。正是因为人们对医药的需求，所以医药行业又被称为“永不衰败的朝阳行业”。

随着“4+7”医保带量采购新模式的推行，药品价格受到重压，尤其是对仿制药品的价格压制严重，那些依赖爆款仿制药的公司将会受到冲击，医药行业将重新洗牌，继续出现强者恒强的龙头效应。在政策和医保改革的冲击下，投资单一的医药股票可能会有风险，而投资从中证全指或沪深 300 指数中挑选出的一篮子医药股票组合的风险较低。

“十四五”规划出台以后，医药行业带量集采成为常态，投资者需要注意医药行业投资的政策风险，控制合理的仓位和买入价格，保证波动在自己能够承受的范围内。

常见的医药行业指数有以下几种。

（1）全指医药指数

全指医药指数是从中证全指样本股的医药卫生行业股票中选择流动性和市场代表性较好的股票作为持仓股票。如果行业内股票数量少于或等于 50 只，那么全指医药指数的样本股就为中证全指中的全部医药股票。如果行业内股票数量多于 50 只，那么分别按照股票的日均成交额和日均总市值进行排名筛选。

剔除规模在 2 亿元以下的基金，目前复制全指医药指数的 ETF 有广发中证全指医药卫生 ETF，场外基金有广发中证全指医药卫生 ETF 联接等。

（2）沪深 300 医药指数

沪深 300 医药指数是由沪深 300 指数样本股中的医药卫生行业股票组成的。剔除规模在 2 亿元以下的基金，目前复制沪深 300 医药指数的 ETF 有易方达沪深 300 医药卫生 ETF，场外基金有易方达沪深 300 医药 ETF 联接等。

（3）中证医药 100 指数

中证医药 100 指数是从全指医药指数中挑选近一年内日均总市值在前 100 名的股票作为样本股，然后按等权重分配，每只股票的权重不会相差很大。

等权重的医药指数规避了市值加权指数编制方法中成分股市值越大权重越高的现象，这样做有利于分散投资风险。剔除规模在 2 亿元以下的基金，目前复制中证医药 100 指数的场外基金有天弘中证医药 100 指数基金、国联安中证医药 100 指数基金等。

（4）中证医药指数

中证医药指数又被称为中证 800 医药指数，是由中证 800

指数样本股中的医药卫生行业股票组成的。剔除规模在2亿元以下的基金，目前复制中证医药指数的ETF有汇添富中证医药卫生ETF等。

（5）中证中药指数

中证中药指数以中证全指为样本空间，选取涉及中药生产与销售业务且日均总市值排名前50的股票作为样本股，反映了中药概念类上市公司的整体表现。剔除规模在2亿元以下的基金，目前复制中证中药指数的ETF有华泰柏瑞中证中药ETF、鹏华中证中药ETF、银华中证中药ETF，LOF基金有汇添富中证中药指数（LOF）A等。

常见的优质行业之保险业

保险业是金融服务业的分支。2008年，我国保险企业的总保费大概是10 000亿元；到2019年，保险行业的总保费达到了50 000亿元。11年时间，我国保险企业的总保费扩大了5倍，这是一个非常快的增长速度。而且，个别公司（如中国平安）的保费收入的增长速度更快，整个行业处于上升阶段。

虽然很多人对保险有误解，但是随着金融理财知识和互联网保险的普及，有越来越多的人意识到保险对家庭保障的重要作用。例如，中青年为家庭收入主力，一旦患病，如果没有商业保险的保障，那么无疑会对整个家庭造成致命的打击。

所以，现在很多人开始给自己和家人配置保险。这是风险防控意识的增强，也是社会文明的进步。未来，随着保监会更加严格的监管和互联网保险行业的快速发展，保险业的发展一定会一日千里。

20 世纪 40 年代到 80 年代是美国保险市场的黄金时期，当时美国保险市场的保费收入和保险股票的投资收益率同时发生了巨大的增长。著名的投资家戴维斯利用保险股票的投资获取了 200 多倍的收益。

美国保险市场的现在就是我国保险市场的未来。目前，我国保险业务量还远低于美国市场，我国保险业在未来具有广阔的发展空间及巨大的发展红利。

我国的保险上市公司并不多，主要包括中国平安、中国太保、中国人寿、新华保险、中国人保等。所以，现在还没有完全以保险公司股票作为持仓股票的保险行业指数，一般的保险指数都掺杂了其他行业的股票。

如果想要投资保险行业指数，那么投资者可以关注以下两个指数。

（1）沪深 300 非银行金融指数

沪深 300 非银行金融指数是将沪深 300 指数中的银行股票

排除在外，选择其中的证券、保险等行业的股票构成样本股。

在专门的保险指数编纂出来之前，投资者可以选择沪深300非银行金融指数进行配置。剔除规模在2亿元以下的基金，目前复制沪深300非银指数的ETF有易方达沪深300非银ETF，场外基金有易方达沪深300非银ETF联接等。

（2）中证证券保险指数

中证证券保险指数选取的是保险业和证券业中总市值排名前50的股票作为样本股。

剔除规模在2亿元以下的基金，目前复制中证证券保险指数的场外基金有天弘中证证券保险指数基金等。

常见的优质行业之科技行业

科技行业包含电子、通信、计算机、生物科技等二级行业。

纳斯达克100指数中拥有很多科技公司股票，如我们熟知的微软、苹果、亚马逊和Facebook。消费、医药和科技行业一直是美国龙头股的源泉之地。

随着计算机的发明及互联网的普及，人类由电气时代进入了电子信息时代，当前社会也正在由工业时代向信息时代转变。

在这个过程中，伴随着旧产能的出清、转型，以及新科技的发展和迭代，一批优秀的科技公司逐步在时代的浪潮中诞生，尤其是以人工智能、5G、信息技术、生物科技、云计算为主营业务的公司。而这些业务都属于大科技行业的范畴。我国信息技术等科技行业在金融市场中的占有率比美国的信息技术等科技行业在金融市场中的占有率低 10 个百分点，未来还有很大的发展空间。

目前，我国科技行业指数主要有以下 3 种。

（1）中证科技龙头指数

中证科技龙头指数由沪深两市电子、计算机、通信、生物科技领域中排名前 50 的龙头公司的股票组成。在选股的时候，该指数主要注重公司的成长能力、研发水平及可持续发展能力。

剔除规模在 2 亿元以下的基金，目前复制中证科技龙头指数的 ETF 有华宝中证科技龙头 ETF，场外基金有华宝中证科技龙头 ETF 联接等。

（2）中证科技 100 指数

中证科技 100 指数是从沪深两市的科技相关行业中选取 100 只研发强度较高、盈利能力较强且兼具成长特征的科技龙头公司的股票作为样本股。剔除规模在 2 亿元以下的基金，目前复制中证科技 100 指数的 ETF 有华泰柏瑞中证科技 100ETF，场外基金有华泰柏瑞中证科技 100ETF 联接等。

（3）中证新兴科技 100 指数

中证新兴科技 100 指数从沪深 A 股新兴科技相关产业中选取盈利能力强、成长性好且估值水平低的股票作为样本股，采用基本面加权方式计算。

衡量指数基本面主要是从成分股盈利能力（滚动 12 个月投入资本回报率）、估值水平（最新季度市盈率）及效率提升（最新单季度营业收入同比增速、滚动 12 个月研发支出占营业收入比值）三个维度进行量化分析。

跟踪中证新兴科技 100 指数的 ETF 规模较低，比如目前嘉实中证新兴科技 100 策略 ETF 的规模仅为 2.26 亿元。

周期性行业之银行业

银行业属于金融服务业的分支，银行业经营情况的好坏可以直接反映当前的经济状况。一般情况下，经济繁荣期间银行业也会很繁荣，经济滞胀期间银行业也会比较低迷。

让我们先看看银行业的商业模式。目前，我国银行实行的是分业经营模式。分业经营是对银行经营业务的一种管制，在该模式下，银行只能够从事传统银行的业务，如存款业务和贷款业务。我国的银行虽然与保险公司及券商有一定的合作关系，但是银行只是作为第三方平台的形式存在，最多是帮券商、基金公司、保险公司销售金融产品，银行只能赚取佣金手续费，自己不能够发起这些投资品种。

银行的主要业务包括存款业务和贷款业务，银行会从储蓄用户那里用较低的利率借钱，然后用较高的利率把借来的钱放贷出去，从而赚取净利差收入。银行的存贷款业务也被称为银行的表内业务，这些业务会在财务报表的资产负债表中体现，这是银行最基本的商业模式。

另外，银行也有表外业务。表外业务的收入主要体现在承诺贷款业务、担保业务及委托代理业务所收取的佣金和手续费上，这些业务将不计入资产负债表，然而会影响银行当期的利润和盈亏。

目前，我国的理财方式还比较单一，少部分人会投资股权，大部分人仍会把资金存入银行，因此银行存贷款业务的利润是非常可观的。另外，企业之间的大额资金转账都是通过银行进行，其中的手续费也是很大的一笔收入。

普通的商品和服务达到饱和程度后就很难再提升需求。例如，对于生活中要用到的毛巾、碗筷等物品，一个家庭的购买数量是非常有限的，可是银行业务却不存在这样的问题，因为银行的总资产和广义货币（M2）数量是正相关的。而由于经济规模的扩大，近几十年来，广义货币数量一直在不断增加。只要存贷款的需求没有消失，那么银行作为一级信用体系的支撑，其业务就会永远地开展下去，而且其业务量和广义货币量是正相关关系。

相对于医药行业的弱周期性，银行业具有更强的周期性，主要受到宏观经济的影响：当经济处于滞胀期时，实体经济变差，企业贷款意愿降低，央行会通过降息刺激经济，这时候银行的存贷款利差收入就会减少；当经济处于繁荣期时，实体经济向好，贷款融资需求旺盛，银行的存贷款利差收入就会增加。

银行业和保险业同属于金融行业，都是高杠杆行业，受经济周期的影响很大。经济繁荣周期，银行和保险的表现会很好；经济衰退周期，尤其是发生金融危机时，银行和保险表现也会非常差。

中证银行指数是以中证全指为样本空间，选取里面的银行企业作为持仓股票。如样本空间中的银行股票不足 50 只，则全部纳入该指数中；如样本空间中的银行股票超过 50 只，则根据成交金额和累积总市值进行排名，选取排名前 50 的公司作为持仓股票。

剔除规模在 2 亿元以下的基金，目前复制中证银行指数的 ETF 有天弘中证银行 ETF，LOF 有招商中证银行指数、鹏华中证银行指数、易方达中证银行指数、博时中证银行指数，场外基金有天弘中证银行 ETF 联接等。

周期性行业之券商

券商就是证券公司，我们常说的场内购买渠道就是指在证券公司开设账户购买。

证券公司的佣金收入在其总收入中的占比较大。在牛市的时候，股票赚钱效应好，开户人数多，购买股票和指数基金的人也会多，这时候券商的盈利就好；反之，在熊市的时候，股票表现差，开户人数骤减，购买股票和指数基金的人也会少，这时候券商的盈利就较差。因此，券商指数是一种周期性的指数，其周期性和股市的牛熊周期有着紧密的关系。

熊市的时候券商会一路走低。从 2015 年 6 月牛市终结到 2018 年底，券商指数整整跌了 3 年多。而牛市一旦开启，不管是小牛市还是大牛市，很多专业机构投资者首先选择的就是券商股票。它们资金量大，很快就能够拉升券商股票。在 A 股市场的历史中，券商指数也出现过罕见的涨停现象。因此，对于这类强周期性指数，投资者可以在大熊市底部轻仓配置，并等待牛市到来以获利。

中证全指证券公司指数的选股模式和中证全指医药指数类似，都是以中证全指指数的样本股为基础。只不过中证全指医药指数是从中证全指指数中选出医药行业的股票作为持仓股票，而中证全指证券公司指数是从中证全指指数中选出证券公司的股票作为持仓股票。

投资证券类的周期性指数不能够在证券行业处于牛市的时候开始，如果在牛市高位时重仓券商指数，未来大概率是亏损的。另外，这类指数盈利较弱，波动性大，不适合长期持有。

券商指数波动大，周期性强，不适合初级投资者定投。普通投资者最好放弃这类强周期指数。

剔除规模在 2 亿元以下的基金，目前复制中证全指证券公司指数的 ETF 有银华中证全指证券公司 ETF、天弘中证全指证券公司 ETF，场外基金有天弘中证全指证券公司 ETF 联接、国泰中证全指证券公司 ETF 联接，LOF 有招商中证全指证券公司指数、鹏华中证全指证券公司指数等。

周期性行业之电子行业

TMT 是 Telecommunication（通信）、Media（媒体）、Technology（技术）的首字母缩写，它代表着传统的电子信息科技行业。这个行业包含的分支很多，如消费电子、半导体、电子产品，以及 5G、通信、芯片等。

元件是指被拆分到不能够再拆分的零部件，器件是各种元件组装起来的模组。元件和器件虽然差别不是特别大，有包含关系，但是元件公司和器件公司却有着很大差异。器件公司和元件公司的商业模式不同，器件公司重视融资和成本管控，元件公司重视技术创新。前者是通过融资扩张，后者是通过技术创新占领行业制高点。器件公司的毛利率偏低，一般在 20% 以下，通过量产的方式获取利润；元件公司的毛利率大多在 40% 以上，有着很好的利润空间。

最直观的区别就是，元件公司往往会为了技术创新而大力进行研发投入，其研发投入会远远超过器件公司。我们通过公司的毛利率和商业模式就可以知道：元件公司的发展模式是通过不断创新提升自身整体的盈利水平，器件公司的发展模式是进行跨行业的横向扩张。那么很显然，元件公司创造自由现金流的能力优于器件公司，这会导致元件公司的估值比器件公司的估值低一些。

未来，电子行业的发展方向主要是和半导体相关的国产替代，其原因有以下几个。

第一是因为 5G 和人工智能的发展带来了半导体、芯片材料需求的快速提升。

第二是目前华为等企业需要依靠半导体、芯片形成自己的核心竞争优势，加速推进半导体国产替代，只有这样才能够拥有较高的行业竞争壁垒。

第三是半导体行业有非常宽的护城河，只要企业建立了研发壁垒，即使同行业其他企业携巨资与之竞争也很难对其构成威胁，因为半导体大规模量产带来的低成本优势会让强者更强。

与传统行业投资不同的是，电子行业的更新换代速度非常快，所以关注行业大势是非常重要的。对于这类行业中的企业，应优先通过成长性指标对其进行估值，并结合行业的发展趋势及企业的盈利增长判断其未来的价值。

与半导体行业相关的指数有以下两个。

（1）半导体 50 指数

半导体 50 指数又叫中华交易服务半导体行业指数，这个指数的持仓股票为 A 股市场中经营范围涵盖半导体设备、设计、制造的公司。剔除规模在 2 亿元以下的基金，目前复制半导体 50 指数的 ETF 有国泰 CES 半导体芯片 ETF，场外基金有国泰 CES 半导体芯片行业 ETF 联接等。

（2）中证全指半导体产品与设备指数

这个指数由中证全指样本股中的半导体产品与设备行业股

票组成，成分股有 32 只，比半导体 50 指数的成分股更加集中。剔除规模在 2 亿元以下的基金，目前复制中证全指半导体的 ETF 有国联安中证全指半导体 ETF，场外基金有国联安中证全指半导体 ETF 联接等。

周期性行业之光伏行业

碳达峰、碳中和是“十四五”规划的重点目标。要研究与双碳目标有关的投资机会，可以了解光伏主题基金。

目前，全球气候变化对世界各国产生了规模空前的影响，极端天气给老百姓的日常生活带来了很多不便。自然气候的极端变化和各类自然灾害频繁发生主要是因为温室气体的增加，而大气中含量最多的温室气体是由于焚烧化石燃料而产生的二氧化碳，约占总量的三分之二。

为了应对全球气候变化，保护生态环境，控制二氧化碳总排放量就显得尤为重要。所以在这个关键时刻，我国提出了碳达峰和碳中和的目标。这两个目标计划分别在 2030 年和 2060 年实现，因此也被称为“3060 目标”。在 2030 年，我国二氧化碳排放总量要迎来下降的拐点；在 2060 年通过优化产业结构和能源体系，调整二氧化碳排放总量，最终实现二氧化碳在人类社会与自然环境内产销平衡，也就是人类产生的二氧化碳可以通过节能减排战略、发展绿色经济、增强森林碳汇等途径消耗掉。

要实现这一远景目标，要着重从能源领域入手，首先需要实现能源转型。能源清洁化是能源转型的必然趋势，涵盖了以清洁能源代替传统化石能源发电和终端清洁能源直接利用两种方式。

目前，以太阳能、风能为代表的可再生能源发电技术成本不断下降，可以预见，未来新能源会得到长足发展。

光伏是太阳能光伏发电系统的简称，是利用太阳电池半导体材料的光伏效应，将太阳光辐射能直接转换成电能的一种新型发电系统。这种可再生能源系统是未来能源供应系统的主流。

中证光伏产业指数就是将主营业务涉及光伏产业链上、中、下游的上市公司股票作为待选样本，选取不超过 50 家最具代表性的公司作为样本股，反映光伏产业公司的整体表现。

剔除规模在 2 亿元以下的基金，目前复制中证光伏产业指数的 ETF 有汇添富中证光伏产业 ETF、国泰中证光伏产业 ETF、天弘中证光伏产业 ETF、华泰柏瑞中证光伏产业 ETF，场外基金有博时中证光伏产业指数、华泰柏瑞中证光伏产业 ETF 联接、华夏中证光伏产业指数、平安中证光伏产业指数、广发中证光伏产业指数、招商中证光伏产业指数、天弘中证光伏产业指数等。

周期性行业之基建行业

基建行业主要是从事基础设施建设的企业，中证基建工程指数从沪深市场中选取建筑与工程、建筑装修行业的上市公司作为指数样本，以反映基建工程领域相关上市公司证券的整体表现。这个指数主要重仓中国建筑、中国电建、中国中铁、中国铁建、中国化学、中国能建、中国交建、中国中冶等基建企业。

剔除规模在 2 亿元以下的基金，目前复制中证基建工程指数的 ETF 有广发中证基建工程 ETF，LOF 基金有信诚中证基建工程指数，场外基金有广发中证基建工程 ETF 联接等。

周期性行业之新能源行业

新能源汽车行业发展本质是汽车驱动由化石燃料向电力的转换。

这个行业的发展会经历三个阶段。

第一阶段是补贴推动下的繁荣期。如果没有补贴，汽车企业动力不足；反之，一旦政府对新能源企业有补贴政策，那么车企就会非常积极。得益于国家政策的推动，新能源汽车才从无到有地发展了起来，2009 年和 2015 年的补贴带来了新能源汽车行业的繁荣。

第二阶段是供给推动期。这是经济学家吴敬琏先生在中国电动汽车百人会论坛上提出的观点：新能源汽车的供给侧结构性改革有两个部分，一个是提高供给质量，另一个是结构性改革。

第三阶段是智能化时期。未来随着 5G、智能驾驶等技术的普及，自动驾驶的新能源汽车对传统汽车的替代将如同智能手机对传统手机的替代过程一样。

目前有三个与新能源有关的行业指数，分别是中证新能源汽车指数、中证新能源汽车产业指数、国证新能源汽车指数。这三个指数略有不同，中证新能源汽车指数的覆盖范围是锂电池和新能源汽车，中证新能源汽车产业指数包括新能源整车、充电桩、锂电设备、电机电控、芯电池组以及电池材料，国证新能源汽车指数的覆盖范围是电池材料、新能源整车，充电桩等。

剔除规模在 2 亿元以下的基金，复制中证新能源汽车指数的 ETF 有西藏东财中证新能源汽车 ETF、华安中证新能源汽车

ETF、博时新能源汽车 ETF、国泰中证新能源汽车 ETF、华夏中证新能源汽车 ETF, 场外基金有华夏中证新能源汽车 ETF 联接、招商中证新能源汽车指数、嘉实中证新能源汽车指数、天弘中证新能源汽车指数、西藏东财中证新能源汽车指数、国泰中证新能源汽车 ETF 联接，LOF 有富国中证新能源汽车指数等。

复制中证新能源汽车产业指数的 ETF 有汇添富中证新能源汽车产业 ETF、平安中证新能源汽车产业 ETF, 场外基金有平安中证新能源汽车产业 ETF 联接，LOF 有汇添富中证新能源汽车产业指数。

2.5 常见的策略指数

策略指数和市值指数之间最主要的区别在于两者的加权方式不同。例如，沪深 300 低波动指数的样本股权重分配与股票历史波动率的倒数成正比，也就是股票的波动率越小，其权重越高。常见的策略包括基本面、低波动、动态、稳定策略、AH 价差策略。

常见的策略指数之基本面指数

基本面指数是指以上市公司的基本面为跟踪标的的指数。基金公司在编纂基本面指数时，会依据基本面指标选择持仓股票。下面我以基本面 50 指数和基本面 60 指数为例详细讲解基本面指数。

基本面 50 指数首先是根据以下四个基本面指标对沪深 A 股中的股票进行排名。

- **营业收入：公司过去 5 年营业收入的平均值。**
- **现金流：公司过去 5 年现金流的平均值。**
- **净资产：公司在定期调整时的净资产。**
- **分红：公司过去 5 年分红总额的平均值。**

然后，选取基本面排名前 50 名的股票作为基本面 50 指数的样本股。剔除规模在 2 亿元以下的基金，目前复制基本面 50 的 LOF 有嘉实基本面 50 指数。

基本面 60 指数首先根据与基本面 50 指数相同的四个基本面指标对深市 A 股中的股票进行排名。

然后，选取基本面排名前 60 名的股票作为基本面 60 指数的样本股。剔除规模在 2 亿元以下的基金，目前复制基本面 60

的 ETF 有建信深证基本面 60ETF，场外基金有建信深证基本面 60ETF 联接。

常见的策略指数之红利指数

股票本质上是投资者享有的上市公司的股权，因此投资者也会享有上市公司的分红收益。指数基金作为一“篮子”股票，也会定期分红。

红利指数就是选择股息率高、分红多的股票作为持仓股票的指数。红利指数主要有以下 3 种。

（1）上证红利指数

上证红利指数以沪市 A 股中现金股息率高、分红比较稳定、具有一定规模及流动性的 50 只股票作为样本。

上证红利指数属于深度价值风格，在加息周期中，利率上行利好这类价值风格的股票。

剔除规模在 2 亿元以下的基金，目前复制上证红利指数的 ETF 有华泰柏瑞红利 ETF 等。

（2）中证红利指数

中证红利指数以沪深 A 股中现金股息率高、分红比较稳定、具有一定规模及流动性的 100 只股票作为成分股。

中证红利指数属于中度价值指数，持仓股票也偏重价值方向。

剔除规模在 2 亿元以下的基金，目前复制中证红利指数的 ETF 有博时中证红利 ETF、招商中证红利 ETF、易方达中证红利 ETF，场外基金有易方达中证红利 ETF 联接、大成中证红利指数，LOF 有万家中证红利指数。

（3）深证红利指数

深证红利指数由深圳证券交易所中具有稳定分红历史、分红比例较高且流动性较好的 40 只股票组成。

深证红利指数的股息率低于上证红利指数和中证红利指数，其分红稳定性也不如上证红利指数和中证红利指数，但是深证红利指数的成长性更高，它的持仓股票偏重成长股。降息周期是利好成长型股票的。

剔除规模在 2 亿元以下的基金，复制深证红利指数的 ETF 有工银瑞信深证红利 ETF，场外基金有工银瑞信深证红利 ETF 联接 A 等。

常见的策略指数之 50AH 优选指数

50AH 优选指数反映了上证 50 指数使用 AH 价差投资策略

的整体表现，为投资者提供了建立在上证 50 指数基础上的额外回报。

对于不含港股的 50AH 优选指数的持仓股票，其选择 A 股作为持仓股票。对于同时在香港和上海上市的 50AH 优选指数的成分股公司，如果经汇率调整后的 A 股价格除以 H 股价格的比率小于 1.05，则将 A 股选为成分股；若大于 1.05，则将港股选为成分股。

50AH 优选指数是上证 50 指数的策略指数，其选股策略的核心原则是选择 A 股、H 股中价格相对较低的股票。因此，当 A 股和港股存在折 / 溢价的时候，50AH 优选指数相对于 50 指数会有超额收益。

50AH 优选指数的重仓股票主要是大盘蓝筹股，它们无论是市值、营业收入还是公司规模都是相关行业的龙头。其重仓股票的行业集中在金融地产行业，并且占比非常大，如果投资者不想专门投资金融类指数，也可以选择 50AH 优选指数作为替代的投资品种。

剔除规模在 2 亿元以下的基金，目前复制 50AH 优选指数的 LOF 有华夏沪港通上证 50AH 优选指数。

2.6 可转债指数

简单点说，可转债就是一种可以转换成股票的债券凭证。假如你买了可转债，在股票价格低的时候，它相当于一张债券，发行可转债的公司会给你按照债券的利率付利息（当然，利率比较低）。

那么，可转债是不是就等同于债券呢？不是的，可转债的妙处在于“转”字。如果可转债对应的股票一直上涨，涨到比转股价格还高的时候，投资者就可以把手里的债券转换成股票来获得股票上涨的盈利。

在股票价格不断下挫的时候，可转债因为拥有债券属性，所以可以保本，可转债的发行公司会按照发行债券时承诺的利率计算利息，然后将本利一起支付给投资者。可转债的保底特性使其不会像投资股票那样因暴跌而导致本金受损。

正是因为可转债的这两个特性，所以可转债又被称为“下有保底，上不封顶”的投资品种。

“下有保底”是指无论股价跌得多厉害，可转债都有基本的债券收益率，这个收益率在可转债合同中是有约定的。

那么“上不封顶”呢？上市公司发行可转债的目的是把债

主变成股东，你购买了可转债，相当于上市公司向你借钱，然后给你支付利息，你是债权人，上市公司是债务人。另外，如果你将可转债转为上市公司的股票，那么上市公司就会自动摘掉债务人的帽子。

因此，当碰上极端熊市时，购买可转债的债主如果没有把债券转换成股票，那么作为债务人的上市公司是会着急的。此时，上市公司就会想办法下调转股价格。例如，之前的转股价格是 9 元，现在上市公司会将价格调整到 6 元，这样就会促使大部分持有可转债的投资者产生转股动力。

但是在实际的可转债投资过程中，因为有强制赎回条款，所以可转债的上涨也是有天花板的。有的可转债规定：如果股票在任何连续 30 个交易日中至少有 15 个交易日的收盘价格不低于当期转股价格的 130%，那么可转债将被强制赎回。

一旦触及可转债的强制赎回条款，那么上市公司就会提醒投资者尽快转股，否则过了约定期限，交易系统就会自动把没有转股的可转债以一定的价格卖出。

因此，对不能够长时间关注股市的投资者来讲，很有可能因忘记转股而被上市公司强制以低价卖出所持有的可转债。二师父建议普通投资者通过配置可转债基金来配置可转债品种。

纯债基金因为是专门投资债券的基金，所以纯债基金只有债性；可转债基金因为持有的是可转换债券，所以可转债基金同时具有股性和债性。

目前，我国的可转债指数主要是中证转债指数，其样本由在沪深证券交易所上市的可转换债券组成，以反映我国市场可转换债券的总体表现。

通过分析可知，投资债券基金和投资可转债基金的逻辑并不相同，因为债券基金是债性品种，适合在股市走牛、债市走弱的时候投资；而可转债基金是具有股权性质的品种，因此其投资逻辑和具有股权性质的指数基金的投资逻辑是一致的。

投资者在投资的时候，一定要搞清楚所投基金到底是可转债基金还是债券基金，不要被表象所迷惑，要去查看基金的持仓品种。如果是债券基金，就按照债券基金的投资逻辑进行投资；如果是可转债基金，就按照可转债基金的投资逻辑进行投资。

2.7　债券与债券基金

债券是政府、企业、银行等债务人向社会筹措资金时向债权人发行的有价证券，分为固定利率债券和浮动利率债券。一只债券包含债券面值、偿还期、付息期、票面利率和发行人名称五个方面的内容。其中，票面利率是债券利息与债券面值的比值，是发行人向债权人支付利息时所依据的利率。

债券基金的持仓标的 80% 以上为债券，纯债基金的持仓标的全部是债券。在通常情况下，债券和股票会有一个轮动效应。在牛市的时候，会有大量的资金涌入股市，所以债市低迷；在熊市的时候，会有大量的资金涌入债市，所以股市低迷。

作为逆向交易的价值投资者，需要遵循“人弃我取，人取我与”的原则。因为代表股权的指数基金和代表债权的债券基金是负相关的，所以在牛市的时候，投资者需要把代表股权的指数基金逐步卖出，然后买入和股权负相关的债券基金；当股市重回熊市的时候，资金开始涌回债市，这个时候投资者持有的债券基金就会上涨，投资者需要逐步卖出债券基金，重新买入低估的指数基金，这样的股债轮动配置就能够帮助投资者降低市场风险。

定投债券基金需要注意的问题

第一，股债轮动配置中的债券基金必须是长期债券基金。

纯债基金分为短债基金和中长债基金。短债基金的债券到期时间在一年以内，没有申购和赎回费用，只有销售服务费。中长债基金的债券到期时间为 1 ~ 5 年。

短期债券受股市涨跌及利率波动的影响会比较小，只有长期债券的涨跌才会受到利率波动及股市涨跌的较大影响，形成股债轮动。

根据债券价格和到期收益率的公式可以知道，债券价格与到期收益率是负相关的。投资者可以在到期收益率处于低位的时候逐步卖出长债基金，在到期收益率处于高位的时候逐步买入长债基金。到期收益率的观测指标可以选择 10 年期国债收益率。

第二，投资者需要避开规模较小的债券基金。

如果投资者投资的债券基金规模比较小，那么当其重仓的债券发生违约时，对债券基金的流动性影响会比较大。因此，投资者在投资过程中需要避免规模较小的债券基金。

2.8　投资海外资产的 QDII 指数

为了进一步开放资本账户，我国设立了合格的境内机构投资者（Qualified Domestic Institutional Investor，QDII）制度，以让境内的机构投资者（如银行、基金公司等）直接参与境外市场，获得全球市场收益。

投资于纽约市场的 QDII 指数

（1）标普 500 指数

标准普尔公司是世界权威金融分析机构，编纂了标普 500 指数。标普 500 指数是将纽约证券交易所和纳斯达克中处于行业领导地位并且市值规模在前 500 名的公司的股票作为持仓股票。标普 500 指数是美国股市大盘股的代表，与沪深 300 指数类似。两者的区别在于，标普 500 指数在选股时不仅要看公司的市值规模，而且要看公司在行业内的领导地位及其长期盈利状况。

之前我们介绍过，优质行业包括科技行业、金融行业和医药行业等。

标普 500 指数中的成分股就主要集中在科技行业、金融行业和医疗行业，其权重之和大概为 54%。与沪深 300 指数相比，标普 500 指数中的科技行业成分股的占比高于沪深 300 指数，而金融行业成分股的占比低于沪深 300 指数。两种指数虽然同为两个市场的大盘股指数，但各自的行业配比有较大的差异，投资者可轮动配置。

（2）纳斯达克 100 指数

纳斯达克市场创建于 1968 年，现在是全球第二大证券交易所。纳斯达克 100 指数是剔除纳斯纳达克市场中的金融股，然后选取其中 100 只具有高成长性的高科技股票作为样本股的指数。纳斯达克 100 指数以科技股票为主，是美国科技股的代表。

纳斯达克 100 指数的前 10 大重仓股主要包括苹果、微软、谷歌等知名高科技企业的股票。

投资于法兰克福市场的 QDII 指数

德国 DAX 指数是由德意志交易所中 30 只市值较大、流动性较好的蓝筹股票组成，是德意志交易所的蓝筹股指数，其持股的行业主要集中在工业、汽车配件及金融业。

投资于东京市场的 QDII 指数

日本股市在 1989 年以前处于疯狂上涨阶段，日经指数从最开始的 2000 点逐步涨到 38 915 点，这也是日经指数迄今为止的高峰。进入 20 世纪 90 年代以后，日本股市开始暴跌。到 1990 年 10 月，日经指数从 38 915 点跌到 20 000 点，直到 2008

年全球金融危机时到达底部的 7568 点。

日本股市泡沫的破灭也打击了其国内的实体经济。在股市泡沫期间，日本民众相信股价和房价只涨不跌，巨大的财富效应导致日本人超前消费，投资流动性严重过剩，民间设备投资和住宅投资饱和；股市泡沫结束之后，日本经济急速下滑，投资需求消失，大量的企业倒闭，失业人数暴增。

从 1989 年到 2009 年，日本经济一直处于低迷状态，人们因工资微薄而买不起房子，由股市泡沫破灭之前的攀比心理进入了低欲望的状态。日本这 20 年也被称为“失去的 20 年”。

尽管如此，日经 225 指数还是从 2008 年金融危机底部的 7568 点涨到了 2022 年的 26 431 点，涨幅也有 2.49 倍。所以说，当没有好的投资机会且日本股市处于低位的时候，投资者也可将日本股市作为全球资产配置的一个选择。

第 3 章

梳理家庭财务状况，选择指数基金购买渠道

3.1 通过记账，梳理家庭财务状况

理财首先是理生活，理生活最好从记账开始。生活中很多人都会陷入财务问题。在投资之前，投资者不能草率地购买基金，要先梳理自己的资产和负债，全面统计自己的财务状况，并制作家庭资产负债表（公式如下），看看自己是否有财务问题、是否信用卡经常透支、是否每到月底连基本的一日三餐都无法解决。如果存在以上问题，那么投资者的财务状况是很糟糕的。

$$
\begin{aligned}
\text{家庭净资产} &= \text{总资产} - \text{总负债} \\
&= \text{流动资产} + \text{非流动资产} - \text{总负债}
\end{aligned}
$$

表 3-1 是常用的家庭资产负债表。

表 3-1　常用的家庭资产负债表

流动资产		流动负债	
现金（货币基金）		借款未偿还部分	
定期存款		信用卡还款	
定期理财		房贷（近期偿还部分）	
非流动资产		**非流动负债**	
指数基金		房贷（远期偿还部分）	
房产			
股票			
他人借款	—		
总资产	—	总负债	—
净资产			

对一个普通家庭而言，流动资产包括现金、定期存款、定期理财等流动性比较强的资产，非流动资产主要包括股权、房产、他人借款等流动性较弱的资产。流动负债和非流动负债也是根据负债的流动性来划分的。

很多人认为理财就是买股票和基金，只有购买了股票和基金才叫作理财。这是非常错误的想法。

理财的本质是提升自己对金钱的认知，改善自己的财商，让自己拥有财富思维和对财富的获取与驾驭能力。

房产到底是资产还是负债？我们可以通过家庭资产负债表来计算。

假设小明准备购买一套价格为400万元的房产，预计首付款加税费准备大约150万元，贷款250万元，按照30年等额本息还款，小明贷款的利息大约为200万元，总共还款本利和是450万元。

小明自己手头只有100万元，没有办法，只能向亲戚朋友借了50万元，那么：

小明买房后的净资产=400万元－50万元－450万元

=－100万元

买房后的小明实际上成为一个负债人，从拥有资产100万元到负债100万元，这就是深刻评估家庭资产负债表的意义。我们不能错误估计自己家庭资产的含金量，最终衡量一个家庭财务状况的指标是家庭净资产以及流动资金的占比。

梳理好家庭财务状况以后，我们就需要学会记账。每到月末，投资者应花两个小时的时间复查账本，学会从记账中分析自己的支出项，从而有针对性地进行节流。

支出项分为消费支出和投资支出。消费支出是指我们购买消费服务或消费品的费用，消费品或消费服务不能给我们带来长期收益。例如，购买一瓶饮料就是消费支出。

投资支出是指未来能够给我们带来显性或隐性收益的支出，它可以直接或者间接地在未来为我们带来一定的现金流。例如，购买指数基金、货币基金可以带来直接收益；买书学习、购买付费课程，可以提升自己，为自己积累知识和技能。其中，买基金可以直接带来收益；买书学习或报课程学习不能够直接带来收益，但是能够提升我们的技能和认知，从而使我们间接受益。这些都是投资支出。

每月月底复盘的时候，我们最好问自己以下几个问题。

这笔支出是消费支出还是投资支出？如果是消费支出，那么这笔支出有必要吗？

如果没有必要，当时为什么会消费？因为销售员的极力推销？因为自己一时的冲动？因为爱面子的心理，大家都买了这样的名牌包？

我们应通过思考这些问题找到自己消费的根本原因，并想一想可不可以避免；如果可以，请记下来，并避免类似的情况再发生。这样坚持做下去，我们就会发现，自己的消费支出会越来越少，投资支出会越来越多。

通过记账，我们需要学会增加投资支出，减少消费支出。这是优秀投资者应具备的习惯；否则，消费支出持续失控，我们总有一天会让自己陷入债务危机。

虽然投资支出会暂时让我们的资金流出，但是未来的某一天一定会给我们带来巨大的收益。投资的本质就是用当前的资金或时间投入换取未来更大的回报。

另外，通过记账及开源节流，我们必须保证自己的收入大于支出。因为只有攒到足够多的资金才能够买基金，没有固定的存款或稳定的现金流，任何高明的投资者都无法实现资产的增值。

成由勤俭，败由奢。树立正确的理财观念非常重要，无论你目前的财务状况有多么糟糕，都不要紧，从现在开始，先利用家庭常用的资产负债表梳理自己家庭的财务状况，然后通过记账梳理自己的现金流入和流出情况，迈出投资理财的第一步。

然后，投资者需要合理规划自己的资金，将待使用的资金分为四个部分进行打理。

标准普尔公司由亨利·瓦纳姆·普尔先生于 1860 年创立，是世界权威的金融分析机构，并于 2019 年 1 月进入我国信用评级市场。

标准普尔公司曾经调研了全球 10 万个资产稳健增长的家庭，分析总结了他们的家庭理财方式，从而得出了标准普尔家庭资产象限图。这张图被认为是最合理、稳健的家庭资产分配方式。

标准普尔家庭资产象限图将家庭资产分为 4 类：保命的钱、要花的钱、生钱的钱和保本升值的钱。

保命的钱：专款专用，保障家庭成员在出现意外事故、重大疾病的时候有足够的钱保命。

要花的钱：属于日常开销，是家庭 3 ~ 6 个月的生活费，主要用于保障家庭的短期开销，包括日常生活、买衣服、健身、旅游、聚会、娱乐等。

生钱的钱：为家庭创造高收益的钱，如配置股票、基金、房产等的支出。

保本升值的钱：这笔钱是保本增值的，以抵御通货膨胀的风险，主要用于子女教育、家庭成员的养老等。

虽然标准普尔家庭资产象限图是合理、稳健的家庭资产分配方式，但是我国的投资者利用该象限图进行家庭资产配置时还存在一些问题。根据标准普尔家庭资产象限图的资产划分，我们需要准备 40% 的资金购买固定收益品种作为子女教育金和家庭成员养老金（保本升值的钱）。截至 2019 年底，在我国的固定收益理财产品中，最好的收益率在 3.5% 左右，如果长期用大额资金配置这类品种，收益会很容易跑输通货膨胀。因此，投资者应根据实际情况来划分资产用途。

二师父根据标准普尔家庭资产象限图的资产配置思路，将个人家庭理财账户分成了 4 个账户。这 4 个账户的资产分配包括保险、现金和股权类资产；不包括房产，因为投资者的房贷需要从每月的固定工资收入中扣除。

4个账户分别为防守账户、日用账户、稳健账户和进攻账户（见图3-1）。防守账户和日用账户主要配置流动性较好的固定收益品种，如货币基金、银行短期理财，并在存款利率较低的时候适当配置短期债券基金；稳健账户和进攻账户主要配置指数基金、股票等股权类投资品种。

日用账户 用于6个月左右的生活消费 **要点：** 日常生活费用包括房贷、车贷、衣、食、住、行等方面的支出。日用账户主要用来维持日常开支。当处于离职空档期、没有收入来源时，投资者可以支取日用账户中的资金	**防守账户** 用来保命的钱 **要点：** 突遭意外时，如自己或家人生重病等，防守账户中的钱就可以调用出来，以应对生活中的意外开支
稳健账户 资金稳健增值 **要点：** 稳健账户中的资金主要用来投资稳健的指数基金或债券基金，从而让账户资金稳步增值	**进攻账户** 在市场震荡期利用波段操作获利 **要点：** 这部分资金主要是用来在市场震荡期利用波段策略赚取超越市场平均水平的收益，即使指数一直低位震荡，投资者也能够赚钱。有经验的投资者也可以通过股票投资赚取超过市场平均水平的收益

图3-1　个人家庭理财的4个账户

股权产品的配置比例应随着投资者年龄的增长而降低，具体配置比例为（100- 年龄）÷100×100%。如果投资者是 30 岁，那么稳健账户和进攻账户的配置比例为 70%，剩余 30% 的资金配置在日用账户和防守账户中。

这是一个比较合理的配置比例。

1. 日用账户

日用账户中的资金一般为一个家庭 6 个月左右的生活费。我们平时的生活支出包括房贷、车贷、衣、食、住、行等各个方面，大家自行计算出每个月需要支出的金额，然后用计算出的金额乘以 6 就可以了。通过这个方式可以计算出当你没有收入来源的时候，你需要多少钱来维持 6 个月的日常开支。如果投资者花了这部分资金，那么要在有稳定的收入来源之后进行补齐，一直保证这个账户中有 6 个月的日用开支资金。这是家庭理财的最低保障。

当投资者处于离职空档期、没有收入来源时，这部分资金就可以暂时覆盖投资者的日常开支，保证其生活不受影响，自己也不会因为缺钱而被迫做出短视的选择。

日用账户中的资金也需要保本和具有较好的流动性，因此只能购买货币基金或短期债券基金等流动性较好的投资品种。

2. 防守账户

防守账户的资金被定义为保命的钱，这里的资金是用来应对意外开支的，如自己或家人意外生病等。“天有不测风云”，我们需要准备些应对大额意外开支的资金，这样在发生意外时才不会慌。

对成年男性来说，其一般都是家庭的经济支柱，这一账户的资金配置必不可少。防守账户的资金以流动性保本为主，而流动性最好的是货币基金和短期债券基金，其次是银行短期理财产品。防守账户的资金一定要保证流动性和本金的安全，切记不可购买年金险等流动性不好的品种，也不能购买指数基金和股票等风险较大的品种。

3. 稳健账户

稳健账户中的资金主要用于投资指数基金，以保值增值。假设计算出来的稳健账户的资金额度与进攻账户的资金额度之和为 A：

稳健账户的资金额度 + 进攻账户的资金额度

= 总资金额 − 日用账户的资金额度 − 防守账户的资金额度

$= A$

那么投资者稳健账户的资金额度（B）=$A\times90\%$。

B 代表投资者可以进行指数基金定投的存量资金金额。这种配置虽然比较保守，但是可以防范市场风险。例如，在 2008 年和 2015 年股市暴跌的时候，有了日用账户和防守账户的资金作为安全保障，再加上投资者每月的收入结余，不管股市跌到多么低的位置，投资者都可以安心加仓定投；当股市重新回暖的时候，投资者就能够取得大额盈利。

反之，如果投资者过于激进，把手中的所有资金都用来购买指数基金或股票，那么当遇到市场单边暴跌的时候，投资者很可能会因为没有资金保障而导致心理压力过大，最终割肉止损，倒在牛市来临之前，这是非常可惜的。因此，投资者在投资之前一定要先分配好资金，以保障家庭资产的安全，其次才是考虑资产的增值。

4. 进攻账户

进攻账户中的资金主要是用来在熊市底部震荡区域利用均线策略做波段操作或购买股票的。如果投资者的稳健账户和进攻账户的总资金为 A，那么进攻账户的金额（C）=$A\times10\%$。

这部分资金主要是用来在市场震荡期利用波段策略赚取超越市场平均水平的收益，即使指数一直低位震荡，投资者也能够赚钱。有经验的投资者也可以通过股票投资赚取超过市场平均水平的收益。当然，因为这两种投资方式的风险较大，所以需要将整体资金量控制在总资金的 10% 以内，投资者的大部分资金还是应以低估定投为主。

开源的方法

第一，好好工作，提升自己的职业技能。二师父建议刚进入职场的新人，如果资金量不大的话，先不要想着如何利用基金投资致富，而是要提升自己的职业技能和职业素养，通过升职加薪增加自己的财富，当自己拥有了足够多的资金以后再进行投资。

当然，前期可以用小额资金进入市场学习，总结经验，掌握定投的技能，未来有了大额资金以后再进行定投就会有一套属于你自己的完整的投资系统。

第二，利用自己本职工作的专业性做一些兼职，比如学英语专业的人可以给别人翻译文章赚取收入，设计师可以通过为别人画图赚取收入。

第三，考取一些比较有含金量的证书，比如一级建造师、注册会计师等。

节流的方法

开源相当于打开自己财务蓄水池的进水口，节流就相当于拧紧自己财务蓄水池出水口的阀门。只有开源的收入远高于流出的支出，我们财务蓄水池中的水才会越来越多。

节流的方法就是复查自己的支出情况，减少不必要的消费支出，适当拧紧财富蓄水池出水口的阀门。

投资理财不完全等同于买基金和股票，投资是用现有的资源换取未来更大的回报，理财是梳理自己的财产和生活。二师父提醒大家，投资理财要趁早，要利用定投的思维为自己的未来实现复利积累，否则等到 30 多岁发现自己已经深陷财务危机的时候再进行投资理财就有点晚了。一个人在 20 多岁的时候通常没有太多家庭负担，可以专心干事业，把余下的资金投入基金中，同时不断提升自己的职业水平，尽快升职加薪，使自己在财务自由的道路上走得越来越顺畅，这样等到 30 多岁的时候就不会有太大的财务压力了。

年轻的时候多吃苦，把控好自己的生活和财务状况，随着收入的增长和基金账户资产的增加，投资者的资产增值会形成加速的趋势。对一些股权资产在 8 位数以上的高净值投资者来说，仅基金分红就能够覆盖其日常的消费支出。

3.2 购买指数基金的渠道

第一种渠道：基金公司的官方网站

如果想购买某基金公司的指数基金，那么我们只需要在相应基金公司的官方网站或官方微信上进行注册，就可以购买这些基金公司的指数基金。通过某基金公司的官方网站、官方微信购买指数基金时，我们只能购买该基金公司旗下的指数基金。比如说，你在天弘基金公司的官方网站注册并开通账户，那么你只能在这里购买天弘基金公司发布的指数基金。

通过这种渠道购买指数基金的优势是费率比较低，不会有代销机构从中赚取差价，我们能够以更低的成本买到指数基金。

第二种渠道：银行、证券公司

指数基金既可以通过基金公司直接销售，也可以通过银行、证券公司代理销售。

这就相当于，二师父制作了一个课程，二师父既可以自己销售，也可以请别人帮忙销售，然后分佣金给销售人员。

银行、证券公司销售基金采用的是代理销售的模式，它们的主营业务并不是基金销售，而是在从事主营业务的同时顺带销售基金，赚取一些代销费用。

通过这种渠道购买指数基金的费率会比直接从基金公司的官方网站购买指数基金的费率高，但是能够购买到的指数基金品种比较完善，可以购买不同基金公司的指数基金。

如今，人们从网上就可以在证券公司开户，而且费率比较低。与之相比，通过银行购买指数基金就没有什么优势了。因此，在银行、证券公司这种购买渠道中，投资者主要通过证券公司来购买指数基金。

第三种渠道：独立的销售机构

独立的销售机构又称为第三方销售机构，它是经过证监会批准的，独立于基金公司、银行和证券公司之外的基金销售公司。

我们熟知的上海天天基金销售公司、腾安信息科技有限公司、北京蛋卷基金销售公司等都是独立的第三方销售机构。

通过第三方销售机构购买基金不仅开户便捷、购买门槛低、申赎方便，而且其基金种类齐全，因此备受投资者的青睐。

同时，这些第三方销售机构不会接触到投资者的资金，投资者的投资资金都是在大型商业银行托管，即使发生极端情况，如基金公司的基金因规模太小遭遇清盘或第三方销售机构倒闭，投资者的资金也不会有完全损失的风险。这样就大大提高了投资的安全性。

第4章

基金的选择与配置

4.1 指数的分类和选择

关于各类指数，本书前文已做了详细介绍。在本节，我们再做一个简要的归类和总结。

1. 大盘股及一线蓝筹股对应的指数

沪深 300 指数：由沪市和深市中市值最大、流动性最好的 300 只股票组成。

中证 100 指数：由沪市和深市中市值最大、流动性最好的 100 只股票组成。

上证 50 指数：由上海证券交易所中流动性最好、总股本市值最高、表现最优的 50 只股票组成。

50AH 优选指数：50AH 优选指数和上证 50 指数的持仓股票是一样的，区别是当一家企业同时在上海和香港两地上市时，50AH 优选指数会选择两地中价格相对低的股票作为持仓股票。

深证 100 指数：由深圳证券交易所中日均总市值最大、行业代表性强的 100 只股票组成。

基本面 60 指数：以深市 A 股为样本空间，挑选基本面价值最大的 60 家上市公司的股票作为样本股，反映了深市蓝筹股的整体表现。

沪深 300 指数和中证 100 指数都是大盘股的代表性指数，中证 100 指数的持仓股票比沪深 300 指数的持仓股票更加集中，投资者如果要精选一个大盘股指数进行定投，那么从沪深 300 指数和中证 100 指数中选择一个即可。

上证 50 指数和 50AH 优选指数是沪市蓝筹股指数的代表，深证 100 指数和基本面 60 指数是深市蓝筹股指数的代表。因为沪市和深市的涨跌并不是同步的，所以投资者可以利用两个市场的蓝筹股指数进行组合搭配来构建大盘股指数组合。

最常见的组合包括以下几种：

（1）上证 50 指数 + 深证 100 指数；

（2）上证 50 指数 + 基本面 60 指数；

（3）50AH 优选指数 + 深证 100 指数；

（4）50AH 优选指数 + 基本面 60 指数。

2. 中盘股对应的指数

与中盘股对应的主要是中证 500 指数，它由从全部 A 股中剔除沪深 300 指数的成分股后，总市值排名靠前的 500 只股票组成，综合反映了我国 A 股市场中一批中小市值公司的股票价格表现。

投资者可以这样理解，中证 500 指数的持仓股票是沪深 A 股中市值排名在 301 名到 800 名的 500 只中盘股。

沪深 300 指数是大盘股指数的代表，中证 500 指数是中盘股指数的代表。从两个指数的编纂规则中可以看到，沪深 300 指数和中证 500 指数的持仓股票没有重合，投资者可同时配置这两个指数，通过大盘和中盘的轮动涨跌效应获得稳定收益。

3. 小盘股对应的指数

如前文所述，与小盘股对应的指数包括中证 1000 指数、国证 2000 指数。

沪深 300、中证 500、中证 1000 都是由中证指数公司编制，而国证 2000 指数由深交所旗下的国证指数公司编制。

4. 行业指数

（1）消费行业指数，包括主要消费指数、食品饮料指数和白酒指数，投资者选择其中一个定投即可。

（2）医药行业指数，该指数的种类有很多，历史收益率较好的有沪深 300 医药指数和中证医药 100 指数。沪深 300 医药指数是大盘股医药指数的代表，中证医药 100 指数是中盘股医药指数的代表。

此外，中证中药指数以中证全指为样本空间，选取涉及中药生产与销售业务且日均总市值排名前 50 的股票作为样本股，反映了中药概念类上市公司的整体表现。投资中药行业可以选择这个指数。

5. 美股指数

主要的美股指数包括标普 500 指数和纳斯达克 100 指数，详见本书第 2 章。

6. 周期性指数

周期性指数盈利不稳定，而且波动幅度较大，投资者应轻仓投资。单只周期性指数的配置比例不能够超过 5%。周期性行业指数的具体介绍，请参考本书的 2.4 节。

7. 长期债券指数

股市和债市经常会形成跷跷板效应，即当股市走强的时候，债市会走弱。

长期债券指数的涨跌幅与我国 10 年期国债收益率是负相关

关系。当我国 10 年期国债收益率处于下行的时候，配置长期纯债的性价比相对较高。

复制长期债券指数的基金包括广发中债 7-10 年国开债、易方达中债 7-10 年国开债等。

8. 短期债券指数

1-3 年国债指数属于短期国债指数，当利率处于低位且找不到合适的基金进行投资时，可以考虑配置短期国债基金作为避险品种。

短期债券的久期较短，对利率的敏感度较弱，利率变动对债券价格影响较小。

4.2 资金的规划

经济学是一门选择的学问，选择的不同决定了最终效用的不同。金融学也是一门选择的学问，只是金融学的选择范围比经济学窄。在各类资产之间选择，将不同的资金配置到不同的资产上面的决策过程就是资金的规划。

大类资产有很多，任何资产都有收益性、流动性和安全性三个特征。无论什么资产，这三个特征都是相互制约的。只有将资金合理地配置在不同的资产上面，才可以实现低风险、高回报的目标。

目前，投资者主要接触到的资产有活期存款、一年定期存款、三年定期存款、五年定期存款、货币基金、黄金、国债、国开债、股票指数、房产等。我国一年定期存款利率大约在1.6%，这个收益率虽然比余额宝高，但是牺牲了流动性，性价比相对较低，投资者在需要投资时调出资金会比较困难。

银行活期存款的流动性和货币基金类似，但银行活期存款的利率只有0.37%，远低于货币基金。所以，对于现金类资产来说，货币基金优于银行活期存款，保证了收益性和流动性。

在我国，债券的长期年化收益率大约为5%。长期来看，债券的流动性和收益性都不错，能够接受这个收益率的朋友可以在账户中配置一部分债券，以降低组合的波动。

尽管股权类指数基金的长期收益率比债券基金的收益率要高，但是我国股市的波动太大，如果持仓单一集中于股权类指数基金，就会降低持仓体验，遇到大跌还有可能出现买到好基金却拿不住的情况。

因此，投资者要尽量在货币基金、债券基金、股权类指数基金上寻求平衡。

通常而言，投资的股权类指数基金的金额除以总投资金额等于投资者的仓位。

假设投资者投资了 100 万元的金融资产，其中股权类指数基金为 60 万元，那么投资者的仓位就是 60%。

如何确定投资的合理仓位呢？

主要从两方面考虑，第一方面是年龄，第二方面是当前市场的估值位置。

通常情况下，投资者的仓位百分比近似等于 100 − 年龄。假设投资者当前 30 岁，那么股权类指数基金的仓位大约在 70% 是比较合适的。投资者可以再结合市场估值情况，在 70% 上下调整。

从市场估值来确定仓位的时候，市场估值越低，仓位应该越高；反之，市场估值越高，仓位应该越低。

估值的高低，通常以全市场指数市盈率百分位为参考。全市场指数市盈率百分位低于 10%，应该保持高仓位；全市场指数市盈率百分位高于 90%，应该保持低仓位。

4.3　基金的配置

根据二师父多年来和不同的投资者交流，基金的配置还是应以分散化和多样化为宜。

基金的配置可以拆解为三个基础问题：第一是买什么，第二是买多少，第三是何时买。

这三个问题解答清楚了，才算是理解了基金的配置。为了能够实现长期相对稳健的收益，投资者必须认真了解投资标的，确定买入金额和时机。

市场本身波动比较大，只有确定了买入标的、仓位和时机，才能够确保有相对稳定的收益。

买什么

这是关于投资标的的问题，之前我们介绍了货币基金、短期国开债指数、长期国开债指数、长期国债指数、债券基金、二级债基、宽基指数、行业指数、混合基金、股票基金。这些品种的收益性、流动性、风险性都是不同的。

在人生的不同生命阶段，以及不同的经济周期，不同的货币政策和财政政策下，匹配的资产配置比例也是不同的。

比如一个刚 20 出头的小伙子，总共投资金额也就 1 万元，毕业工作一个月工资有几千元，预计每年都会有较大上升，这时候用 1 万元投资就更应该注重收益性，以小博大，通过承担更高的风险来提升预期收益率。

因为小伙子本身刚毕业，预期收入增长会比较快，而且本金较少，抗风险能力较强，所以完全可以承担高风险以期获得更好的收益率。

反之，一个 60 岁已经退休的老人，总共投资金额 1000 万元，收入比以往会有所下降，投资金额又很高，同时也需要一定的资金养老，所以这时候投资需要着重考虑流动性和风险性。

不同的年龄段，不同的性格，不同的家庭收入结构，都会对投资者的抗风险能力产生影响，我们需要提前搞清楚自己的投资风格，然后才能有的放矢。

买多少

投资者在投资的过程中要有组合投资的概念，组合投资并不是为了取得更好的收益率，而是为了做好风控，保证自己的投资是安全的。

安全第一，进入市场后，首先要保证不赔钱，其次才是赚钱。

投资者在投资之前需要了解自己的风险偏好。在券商或者基金代销平台会有相关测试，在开通账户之后系统会发送测试题目，投资者如实填写测试题目并提交之后就可以看到自己的风险偏好。根据测试结果，投资者的风险偏好通常被分为五种类型：保守型、稳健型、平衡型、进取型、激进型。

保守型投资者相对而言更加追求本金的安全，他们只能承受较少的损失，在保证资产流动性的同时，希望投资回报比较稳定，回撤较低。这类投资者应该大量配置货币基金、国债基金、国开债基金、储蓄型保险，少量定投指数基金。

整体来看，投资者投资 100 万元，如果其中有 80 万元的货币基金，20 万元的指数基金，即使指数发生了 40% 左右的回撤，因为仓位只有 20%，账户整体回撤依然控制在 8% 以内。这就是通过买入数量来控制账户整体回撤的方法，如果仓位低，即使遭遇了黑天鹅也不用担心。

相对于保守型投资者，稳健型投资者的风险偏好比较中性。这类投资者具有一定的风险承受能力，在追求资金增值的过程中可以承受一定的风险。

稳健型投资者可以考虑配置二级债基、偏债混合基金和宽基指数。整体仓位控制在40%~60%比较合适。

平衡型投资者是比稳健型投资者具有更大风险承受能力的投资者。按照四个账户模型，平衡型投资者可以防守账户资产占30%，日用账户资产占10%，稳健账户资产占60%，稳健账户资产以二级债基、指数基金为主。

进取型投资者可以承受较大的风险，力求获取超额收益。这类投资者的风险承受能力较大，可以防守账户资产占20%，日用账户资产占10%，稳健账户资产占60%，进攻账户资产占10%。

激进型投资者的风险承受能力是所有类型投资者中最高的，这类投资者可以降低防守账户和日用账户资产的占比，多配置稳健账户和进攻账户资产。

投资者对投资风格的划分不能仅仅依据性格，也要评估自己的投资水平和投资经验。通常投资水平越高、经验越丰富的投资者，对风险的识别能力和抗风险能力越强。

何时买

第一，货币基金。在经济滞胀期应多配置货币基金，在这个阶段，经济增速下行，CPI走高。为了抑制通胀，政府往往会以加息来应对。这对于股市和债券市场都是利空，投资者理应配置货币基金作为防守。

第二，债券基金。债券基金分为纯债基金和二级债基，通常在股票进入牛市的时候，股权类投资止盈后如果没有好的资产可以配置，那么可以买入一些二级债基作为防守型资产。

在预期利率下行，同时又没有好的投资机会时，我们可以分批配置长期纯债基金。短期纯债基金适合在债基和股票基金投资机会都不太好的时候用作现金替代品。

第三，指数基金。指数基金的配置适合在熊市初期开始，轻仓定投，在熊市中后期可以加大比例分批买入，满仓后等待市场反转。

第 5 章

指数基金应该怎么买

5.1 定投的基本方法与原则

定投，从字面意思理解是在固定的时间进行投资。这种方法的好处在于可以有节奏地投资。跑过马拉松的朋友都知道，跑马最重要的是保持一定的节奏，让自己体力跟上去。如果一会快、一会慢，很快就体力不支了。

如果受市场波动情况影响，投资者仓位变动太快，那么就像是跑步一会快、一会慢，不利于取得好的投资结果。相反，按固定的节奏去投资，就类似匀速长跑，可以相对容易抵达终点。

普通投资者可以在固定的时间固定投入一定的金额，也可以结合指数回撤的幅度在底部增加定投金额，长期坚持，直到积累到合适的仓位，然后等待市场上涨即可。

相对于其他投资模式，定投不注重技巧，更注重坚持和耐心。只要坚持扣款、耐心持有、长期投资于宽基指数，大概率都是可以盈利的。

当然，定投需要有一定的原则。严格遵守原则，按照原则行事，更容易实现目标。

原则一：选择宽基指数进行定投

指数基金定投最容易的方法是选择宽基指数进行持续定投，因为行业指数涉及政策、周期、盈利变化的风险，也会出现长期浮亏甚至底部横盘的情况。

以中证传媒指数为例，在 2018 年熊市中，它就已经是低位了，但是很多定投这个指数的朋友在 2019—2021 年的三年牛市中并没有尝到上涨的喜悦，反而在牛市中被一顿吊打，最终定投多年依然亏钱。

随着行业周期性波动幅度的加大以及政策变动对行业的影响，未来还会出现一些曾经很牛的行业指数，跌下去了再也起不来的情况。所以，投资者应尽量避开行业指数定投，选择趋势交易的方式去投资行业指数，紧跟政策和趋势，而不要逆风行走。

对比而言，投资于宽基指数就容易多了。

从长期看，在底部买入的宽基指数经过一轮周期之后都会涨到相应的高点，部分宽基指数随着时间的推移还会不断地创出新高。

作为世界前两大经济体，我国和美国的宽基指数是最有价值的。

我国市场最具有代表性的指数分别是代表大盘股的沪深300 指数、代表中盘股的中证 500 指数、代表小盘股的中证1000 指数。

美国市场最有代表性的指数分别是标普 500 指数和纳斯达克指数。

长期定投，这五个宽基指数是最好的选择。宽基指数避免了单一行业政策风险、周期风险，如能坚持在底部买入，一般而言，盈利只是时间问题。而对于行业指数，即使买在了底部区域，也可能面临底部长期横盘的风险，并不能够保证一定可以盈利。

原则二：主动进行仓位管理

仓位是指投入的权益类基金金额与总投资金额的比例，控制好仓位是应对大跌的手段之一。

假设投资者将 20% 的仓位投资于指数基金，剩余 80% 的资金购买货币基金。即使投入指数基金的部分下跌 30%，账户整体回撤也只有 6%，仍在普通人的心理承受范围内。

控制仓位需要把握两个核心要点。

第一，购买指数基金的仓位大小与年龄成反比。年龄越大，风险承受能力越低，仓位也要越低，通常用“100- 年龄”作为投资者的仓位上限，这是第一道防线。

第二，仓位的大小与估值程度成反比。

指数和全市场的估值是时刻变化的，如果用全市场指数市盈率百分位衡量指数的估值，那么当全市场指数市盈率百分位在 10% 以下时，就需要重仓，甚至满仓；当全市场指数市盈率百分位在 90% 以上时，就需要轻仓，甚至空仓。

总之，便宜的时候仓位重，昂贵的时候仓位轻。

原则三：放弃抄底思维

定投本来是格雷厄姆发明的，这是他在 1929 年股灾中抄底破产后总结的投资策略。

投资者总喜欢确定性，会主观预测市场底部，然后抄底，企图买在最低点。然而，市场是不太好预测的，投资者一旦抄底失败，满仓甚至加杠杆后被套牢，就容易导致被迫割肉止损，倒在黎明之前，对于杠杆账户，甚至有爆仓归零的风险。

抄底的想法并不可取，偶尔抄底成功可能是运气好，不过一旦出现一次错误，之前的努力就全部归零了。切记永远不要抄底。

原则四：注意止盈

无论是A股的指数还是美股的指数，放到整个资本市场的发展历史中来看，波动率在50%以上是很常见的。如果生搬硬套过去的方法来投资股市，很容易水土不服。

所以，在指数基金的投资中，止盈是必须的，具体方法包括目标止盈、利润收割、高估卖本等。

5.2 场外与场内定投的基本操作方法

场外定投操作详解

场外基金定投的渠道很多，投资者可以在银行申购，可以在基金公司网站申购，也可以在第三方代销平台申购。

场外和场内不同，没有交易时间限制，任何时候都可以提交申购。但是，提交时间不同，成交的价格和确认时间会有所区别。

如果在交易日下午 3 点之前申购，那么会以当天收盘净值成交；如果在交易日下午 3 点之后申购，那么会以下一个交易日收盘净值成交。

例如，10 月 12 日星期一下午 2 点申购，按照 10 月 12 日收盘净值成交；如果 10 月 12 日星期一下午 5 点申购，那么按照 10 月 13 日收盘净值成交。

另外，长假期间申购都会以假期之后开盘交易日下午 3 点收盘净值成交，这样的资金利用率会很差，让资金闲置。所以，投资者应尽量在交易日 3 点之前申购，以提高资金利用效率。

场外基金一般分为 A 类或者 C 类。A 类基金长期持有到 3 年以上是没有赎回费的，所以适合长期持有。而 C 类基金的管理费较高，长期持有不如 A 类基金划算。

场内定投操作详解

除了场外定投，投资者也可以在场内自己手动定投，每周固定买入一笔。通过证券账户直接买入 ETF 可以实现场内定投指数基金。

场内基金相对于场外基金有三个优势：第一是资金利用率高，当天卖出，当天即可购买其他ETF，第二个交易日即可提现；第二是交易佣金较低，能够节省不少手续费用；第三是场内资金在节假日可以通过国债逆回购提升账户资金整体收益率。

和场外基金申购不限时间的特点不同，场内购买ETF需要在交易时间内申请，我国市场的ETF交易时间是上午9:30—11:30，下午13:00—15:00。

5.3 指数基金定投的五大策略

1. 低估定投策略

指数基金并不是一直都适合定投的。以上证指数为例，如果在2015年牛市顶点开始定投，最高位买到5000点，那么会严重拉高买入成本，降低定投收益率，甚至投资者会因为回撤过大而无法坚持。

很多人一直误以为，只要坚持每周固定扣款，最终一定可以在牛市的时候取得很好的收益率。这种思维忽略了高成本对收益的抵消，更忽略了高波动对投资者心理的影响。

所以，在投资的过程中，并不是任何时候都要去定投指数基金的，只有在指数基金的价格远低于内在价值的时候，定投指数基金才会有更好的体验和收益率。

下面我以 2018—2021 年这轮牛市为例，来说明定投为什么不能在高位买入。

2015 年，小明刚毕业。经过辛苦打拼，他在 2018 年攒了 10 万元。在 2018 年 10 月创业板 50 指数 1000 点的时候，很多人都给他推荐基金，认为当前是投资的好时机。

不过，他不太懂，于是买了 1 万元的某创业板 50 指数基金来看看是否真的能够赚钱。反正钱也不多，他也没指望通过这个发大财。就这样一直安心持有到 2021 年的顶部 3600 点，小明赚了 2.6 万元。他发现在 3 年的时间里面就净赚了 2.6 万元，收益翻了几倍，很后悔当初没有多买点。于是，他将这几年的积蓄又全部投入了进去。在 2021 年 12 月，他又投资 20 万元买了同样一只创业板 50 指数基金。这时候，他总共持有 23.6 万元的创业板指数基金。

然而不幸的是，从小明开始重仓创业板 50 指数基金以后，创业板 50 指数就跌跌不休。到 2022 年 10 月，创业板 50 指数跌到 2400 点，小明亏了大约 7.8 万元。扣除之前赚的 2.6 万元，小明亏了 5.2 万元。

小明很郁闷，同样的一只基金，第一次买入大赚，第二次大亏。

这并不难理解，小明第一次买在了底部，第二次买在了顶部。基金买贵了，最后都是要亏钱的。所以，对于任何基金，永远都不要买贵了。

与成本平均策略和无脑定投不同，低估定投策略会在指数基金价格低于价值的时候买入，在指数基金价格高于价值的时候卖出，这样坚持下去就会取得不错的收益。相对于无脑定投，低估定投可以有更好的收益率。

2. 均线定投策略

均线是移动平均线的简称，N 日收盘移动平均线，就是当前交易日的收盘价格加上前 $N-1$ 个交易日的收盘价之和，再除以周期 N 得到的数值。

在 K 线图中用平滑曲线将每个交易日的 N 日均线数值连接起来，便形成了收盘价格的 N 日移动平均线。

在常见的交易软件中，20 日线是月线，60 日线是季线，250 日线是年线。

指数向下跌破 20 日线，意味着短期下跌走势确立；指数向下跌破 60 日线，意味着中期下跌趋势确立；指数向下跌破 250

日线，意味着熊市来临。

因为不涉及抄底，定投波动率较低的大盘指数时，如上证指数 ETF，可以考虑在跌破 60 日均线的时候开始定投，反弹至目标位后止盈，这种方法适合在震荡市场反复运用。同类型的波动率较低的指数还有红利指数等价值型指数。

对于创业板这类成长型指数，其波动率大，回撤大，所以还需要结合估值来判断。仅考虑跌破 60 日均线的话，也有可能买在极端高位。总之，均线定投需要结合指数的特性和估值情况综合运用。

对于波动大的指数，我们可以结合 3 年年线定投。当跌破 3 年年线时，意味着市场处于熊市中期。这时候人气低迷，更加适合定投积累筹码，等待市场反转，或者在市场反弹后收割利润。

长期均线可以作为长期定投的参考，如按短期均线定投则要注意控制仓位和定投的频率。

3. 网格交易策略

网格交易策略又被称为渔网策略，是指在熊市震荡期，将投资资金分成 n 等份，然后在指数基金相对低位的时候建立底仓，不断低买高卖的策略。

如果指数基金不断地在底仓成本价格左右震荡，即使指数基金不进入高估区，投资者也可以获利。这是在熊市震荡期获利的一种方法。

市场走势有3种情况：单边波动下跌、单边波动上涨和震荡横盘。如果碰到单边上涨行情，那么投资者一定要一直持有指数基金，直到牛市高估时卖出，以获得更多的利润。可是万一碰到震荡行情呢？此时运用网格交易策略更有效。

假设运用网格策略对单只基金进行定投的资金是1万元，当指数刚进入低估区域内时，可以建立两成底仓；当指数从刚进入低估区域的位置下跌10%时，可以建立三成底仓；当指数从刚进入低估区域的位置下跌20%时，可以建立四成底仓；当指数从刚进入低估区域的位置下跌30%时，可以建立五成底仓；当指数从刚进入低估区域的位置下跌40%时，可以建立六成底仓；当指数从刚进入低估区域的位置下跌50%时，可以建立七成底仓。

以上证指数为例，2022年它进入低估区域的指数点位是3130点，投资者在上证指数刚到达这个点位的时候可以建立20%底仓。假设投资10万元，在3130点这个位置可以买入2万元。

然后剩余的资金分成10份，那么每一份资金是8000

元。如果是以 2% 为一个网格进行交易，那么当上证指数跌到 3067、3004、2942、2879、2817、2754 的时候，可以分别买入 8000 元。

上证指数如果反弹上涨，投资者到达盈利目标后就可以逐步卖出获利。

4. 倒金字塔交易策略

倒金字塔策略和网格交易策略本质上是一样的。只不过，倒金字塔交易策略随着指数下跌的加深，买入金额会增大，投资规模逐渐增大，类似一个倒金字塔，因此称之为倒金字塔策略。

同样以上证指数为例，2022 年它进入低估区域的指数点位是 3130 点，投资者在上证指数刚到达这个点位的时候可以建立 20% 底仓。假设投资 10 万元，在 3130 这个位置可以买入 2 万元。

然后将剩余的资金分成 6 份，分别是 10 000 元、11 000 元、12 000 元、13 000 元、15 000 元、19 000 元，当上证指数跌到 3067 点、3004 点、2942 点、2879 点、2817 点、2754 点的时候分别买入对应的金额。

这种随着下跌幅度加深而增加买入金额的倒金字塔模式，

比较容易积累更多的低成本指数基金份额。

5. 价值平均策略

价值平均策略源于美国纳斯达克前首席经济学家、哈佛商学院教授迈克尔·埃德尔森在 1991 年所著的《价值平均策略》一书。

前面所讲的低估定投策略和均线定投策略基本都属于成本平均策略，也就是每次定投的金额是完全相等的。第一周定投 1000 元，第二周仍然定投 1000 元，这种每次定投的金额相同的策略被称为成本平均策略。

而价值平均策略是通过增减定投金额，使得投资后的指数基金持仓价值线性增加，保持价值恒定，而不是成本恒定。

举个例子，如果我们第一周定投 1000 元，假设市场下跌，第二周定投的时候，持有资产价值降低到 900 元，这时候就不是定投 1000 元，而是定投 1100 元，保证持有资产价值达到 2000 元。

通过这种定投方式，在涨的时候少投，跌的时候多投，可以实现比成本平均策略高的收益率。

在实战中，我们可以将低估定投策略和价值平均策略相结合。

当指数进入低估值区域之后，假设每次定投的金额是 1000 元，那么要保持价值平均，每次投后的账面价值分别就是 2000 元、3000 元、4000 元。

当指数进入正常估值之后，投资者可以停止定投，开始收割利润。

注意，传统的价值平均策略是无限期的，无论指数估值高低都进行定投，而我将低估定投策略和价值平均策略结合，就实现了在低估区域内，下跌多投，上涨少投，永远保证买在便宜的位置，相当于是对价值平均策略的升级，比传统的价值平均策略会有更好的收益率。

价值平均策略还可以考虑通胀因素。货币是一直在贬值的，现在的 1000 元和 10 年前的 1000 元购买力显然是不一样的。在实际实施的价值平均策略时，我们可以每个月考虑 0.2% 的通胀率，假设第一个月定投 1000 元，那么第二个月的账面总价值就要达到 $1000 \times 2 \times (1+0.2\%)$。以此类推。

我们在实际投资过程中不必这么麻烦地计算，每年提高一次基准定投金额即可。

第 6 章

指数基金应该怎么卖

6.1 指数基金如何止盈

俗话说，会买的是徒弟，会卖的是师父。做投资，不能只讲情怀，买指数基金的最终目标是要获利。

所以，盈利达到了目标之后就要果断卖出，但怎么卖出才能让收益率最大化？这就考验投资者的水平了。

1. 利润收割法 + 高估区域逐步清仓法

在投资过程中，很重要的一点就是不要杀死你的“下金蛋的鹅”。在基金定投过程中，我们购买的基金资产就是我们养的“鹅”，它会源源不断地给我们产生现金流。

如果投资者过早地落袋为安，获利一点点之后就卖出自己持有的全部指数基金，那么就相当于杀死了自己的“鹅”，此时投资者也失去了利用指数基金为自己产生源源不断的现金流的机会。

那么在 A 股这样一个波动不断的市场中，适合中长期投资的止盈方法就是利润收割法加高估区域逐步清仓法。

在熊市中，很多投资者一直坚持定投，不断地在指数基金处于低估区域时买入，这样做非常好。可是当牛市到来的时候，投资者反而不知所措，被众多问题所困扰。例如，需要止盈吗？怎么卖出？可不可以持有到牛市顶点？

投资其实是一门艺术，而不是一门技术，只不过新手一般都难以达到“艺术”的水平。因此，二师父就把卖出策略按照一定的规则写下来，仅供大家参考，最终如何卖出还需要投资者具体情况具体分析，不能够教条主义，更不能机械化。

（1）正常估值区域的利润收割法

指数从低估区域进入正常估值区域时，投资者买入的指数基金通常会处于获利状态，此时投资者就需要逐步卖出已经获得的利润，这就是利润收割法。

因为指数处于低估区域内的时候是非常具有投资价值的，所以对中长期投资者而言，在指数基金处于低估区域时要坚持定投，积累份额，即使指数基金获利了也要坚持买入，不能因为短期获利就将购买的基金卖出。对短期利益的贪婪就是对长期利益的漠视。

以中证 500 指数为例。在中证 500 指数处于低估区域内，投资者开始定投。当中证 500 指数下跌之后又慢慢上涨时，投资者在指数低估区域也会出现浮盈。

这个时候投资者就会产生疑惑：现在定投的中证500指数基金已经获利了十几个点，需不需要卖出呢？如果现在不卖出，那么指数基金一旦发生回撤不就会损失利润吗？

不管处于低估区域的指数基金获利多少，我们都不要卖出任何一份，除非要用小额资金做波段操作。长期投资和短期波段的操作方法是不同的，长期投资的策略是在低估区域坚定持有不卖出，而小金额波段操作是指在熊市底部震荡区域，投资者利用低估指数基金进行网格交易，这类网格交易往往会在有盈利之后逐步卖出，和长期投资是有区别的。

想要通过中长期投资实现复利的投资者，一定要有长线思维。指数处于低估区域内就是积累定投份额的时候，在指数处于低估区域内积累的基金份额越多，未来牛市到来时的收益才会越多。

不管投资指数基金还是做事业，我们的目光都要放长远，要看到10年甚至20年以后，学会做对未来有益的事情。

指数是有周期性的，市场先生会帮你拉低或抬高指数，低估的宽基指数未来一定会步入正常估值甚至高估。只要耐心持有，到达牛市的时候，也许只需要一个星期，你的投资就会给你带来20%的收益率，但前提是那时你要持有足够的基金份额。

有的投资者可能会疑惑，既然牛市能够涨那么多，为什么还要收割利润，而不是到达牛市最高点一起卖出，从而获得最高的利润呢？

原因有两个。

第一，没有人知道最高点在哪里，所以企图卖在最高点就是一种奢望，是小概率事件。

第二，这是由股市大涨大跌的特性决定的，说得具体点，就是由人们想要快速致富的投机心理决定的。在股市中，很多投资者都渴望致富，希望通过不断地买入、卖出股票获得暴利。这样的投资现状在短期内是无法改变的。这样做的最终结果就是股市像坐过山车一样上下波动巨大。倘若你的投资已获利 50%，并且在指数处于正常估值区域时没有收割利润，那么最终可能会因大部分人投机抛售股票或基金而使大盘跳水，从而导致你已获得的利润又全部化为乌有。因此，收割利润是必要的。

尤其是在熊市主跌浪周期，指数一波反弹比一波反弹低，如果长期不卖，那么最终浮亏会越来越多，投资者的信心也会越来越弱。

知道了为什么要收割利润，接下来就要明确如何收割利润。

通常情况下，投资者应在实现 10% 的持仓收益率时开始收割。投资者可以根据下面的公式计算出自己的收益率。

基金的持仓收益率 =（基金当前净值 - 基金持仓成本）/ 基金持仓成本

收割时间的确定方法有两种。

方法一：第一次收割的时间是基金的持仓收益率达到 10% 时，第二次收割的时间是基金的持仓收益率达到 20% 时，第三次收割的时间是基金的持仓收益率达到 30% 时，以此类推。

方法二：第一次收割的时间是账户获利 10% 时，比如投资者买入单只基金 10 万元，在获利 1 万元、账户有 11 万元时进行收割；当投资者收割了 1 万元以后，账户剩余 10 万元，指数继续上涨，账户持仓金额又达到 11 万元时再卖出一次，每次账户达到 11 万元的时候都卖出 1 万元的盈利。

这两种方法各有利弊：第一种方法不用做记录，每次只需要根据账户基金的净值和持仓成本就可以计算出收益率；第二种方法需要记录基金进入正常估值区域时的定投金额 A，每当账户金额变为 $1.1A$ 的时候卖出 $0.1A$ 即可，每次实际卖出的份额计算公式如下。

实际的卖出份额 = 卖出利润金额 / 基金当前净值

卖出利润究竟是卖什么？很多人认为，卖出利润是把自己买入的基金份额全部卖出。这是因为他们没有理解指数基金定投产生利润的原理。指数基金投资的利润来源取决于初始买入价格和最终卖出价格，这两者之间的价差就是指数基金投资的利润。

很明显，当指数基金净值上涨到一定的水平时，会高于投资者的购买成本，这时候就产生了利润。例如，投资者投入了 1 万元，现在获利 1000 元，这 1000 元就是其利润部分。

如果将盈利全部卖出，那么你的利润就成了你手中的现金。而利润收割的精妙之处在于卖出部分利润，投资者可利用剩余的份额继续保持增值。

这本质上是高位减仓的逆向思维，不管买入还是卖出，始终是以份额为计量单位，份额净值的增长或者下跌决定了投资者是获利还是亏损。

（2）高估区域内的逐步清仓法

前面介绍过，投资者在卖出时应该分步减仓，但是真的到了牛市疯狂的时候，要想让持有基金的人卖出基金比让他上刀山还难，因为大部分人都是贪婪的。还记得 2015 年的大牛市吗？那个时候大盘到达了5000点，同时很多人认为大盘会破万点，即使本来已经获利了，但是人们还是觉得自己赚少了，于是借款投入股市。为了一夜暴富，他们变得很疯狂。最后大盘急剧跳水，很多人的资产一夜之间蒸发了。

再以2020年牛市为例。那是2020年农历春节前夕，公历2021年元旦之后，当时天气寒冷，但是股市异常火热，大盘白马股被炒作到惊人的高度，无数投资者追捧大盘白马股和大盘白马股基金，认为这是10年牛市的起步。

然而，股市永远在周期之中变化，那时候正好是一轮熊市的起点，而不是一轮牛市的起点。如果当时持有沪深300指数基金不卖出，或者持有大盘白马股基金不卖出，最终都会遭受30%甚至50%以上的回撤。这也再次证明了二师父的卖出策略是经过市场考验的。

在指数还未到达高估的时候，投资者就要培养自己的理性思维与不贪婪的心理，逐步收割，学会将部分利润落袋为安。

如果指数已进入高估区域，那么就要利用另外一种策略卖出了，即利用高估区域逐步清仓法卖出。

需要注意的是，指数进入高估区域不代表该指数不会再上涨，指数既具有投资价值，又具有投机价值。指数进入高估区域后仍旧会有很多人追涨，此时指数会呈现非理性的上涨。因此，当指数进入高估区域时，投资者不能着急清仓。

当指数刚进入高估区域时，投资者应一次卖出所持有的对应指数基金的 20%，然后指数每上涨 10%，减仓 20%。当指数进入高估区域后，又上涨 40% 时，一次性卖出剩余持仓。

这是理想化的卖出方法，当全部的指数基金都卖出以后就不要再追高了。不管指数涨得多高，未来都不要加仓，应等待指数的估值从高点重新回落到低估区域再进行投资。

还有一种情况，即指数进入高估区域后并未涨到最高点就发生回撤，重新回到正常估值区域的时候也可以一次性清仓。清仓后的资金可用来配置部分债券基金。

从长期来看，股票的收益率大于债券的收益率和现金的利率。持有现金看似无波动，但现金被通货膨胀侵蚀的风险较大，如果市场上没有值得买入的指数基金或债券基金品种，那么持有自己已经购买的指数基金是一种比较不错的选择。

2. 目标止盈法

目标止盈法的核心在于目标，我们可以给自己设定一个盈利的小目标，达到了就止盈卖出，然后完成一个闭环。

在实战中，我们可以根据市场形势的不同，设定不同的目标。

牛市止盈方案：翻倍出本。

以定投某中证500指数基为例，如果牛市来了，当收益率达到100%，实现了翻倍的小目标时，就卖出本金。假设期初投入10万元，牛市来了市值变成20万元，这时候卖出10万元，留下10万元的利润，后面无论市场怎么变化，投资者都一定是盈利的。

熊市止盈方案：一般熊市的时候可以设定10%的止盈目标。

在股市行情不是很好的时候，尤其是在熊市主跌浪周期，达到10%的盈利目标即可卖出。

卖出以后，将资金分成10份，继续定投，实现10%的盈利目标以后继续卖出止盈。这样反复操作，直到下一轮牛市到来。

3. 跌破均线止盈法

在指数高估区域，市场随时可能发生牛熊切换，这时候我们就要密切关注指数的走势。走势反映了市场预期。通常，如果指数跌破20日均线，意味着中期下跌趋势确立。如果高估的指数放量跌破20日线，那么我们可以直接清仓，等待下一个周期。

利用这种方法可能偶尔会卖飞，但是关键时刻能够保命。2015年时，利用这种方法可以避开后来的暴跌。2021年3月时，如果开始清仓白马股基金，从高位回撤的时候卖出，越跌越卖，实际上是高位逃顶。我记得当时我整个3月上旬一直在卖出，而且是一直跌、一直卖，理由就是指数在高位跌破了均线。后来的市场走势也证明当时卖出是对的。

当然，如果后来市场又重新回暖，开始上涨，也没有问题。因为已经盈利了，长期在市场里面等待，总会有几个大周期底部到来，投资者只要把握住这种大周期底部即可，只有在确定性最大的周期底部才适合建立仓位。

4. 股债轮动法

股债轮动法卖出适合长期投资时运用。当股市处于熊市的时候，通常利率较低，长期纯债基金价格较高。

此后，如果持有的指数基金一路上涨，其估值会不断上移，通常此时10年期国债收益率会逐步走高，长期纯债基金的价格会逐步下降。

因此，股债轮动法的卖出需要两个触发条件：第一是指数处于高估区域，第二是10年期国债收益率处于高位且预期下行。

10 年期国债收益率分为中国 10 年期国债收益率和美国 10 年期国债收益率，如果中国处于加息周期，中国 10 年期国债收益率会上行；如果美国处于加息周期，美国 10 年期国债收益率会上行。

国债收益率处于高位，会对风险资产形成利空，导致资金流回固定收益类品种。而国债收益率处于低位，对风险资产形成利好，这时候债券基金的价格会下降。

在指数高估且中国 10 年期国债收益率预期下行的时候，投资者应每周逐步卖出对应的指数基金，每卖出一定的份额就买入一定份额的长期纯债基金，以实现股债轮动。如果本身中国 10 年期国债收益率处于低位，这时候转入更适合买入短期纯债基金。

股债轮动法卖出的本质是利用股债平衡来保证投资收益的稳健，即在熊市买指数基金（股权），在牛市买债券基金。这种方法可以很好地应对市场大跌的风险，但是如果过早地配置债券基金，当牛市到来时，其收益率会比单一地持有指数基金组合的收益率低一些。

6.2 指数基金定投 16 字方针

二师父定投 16 字方针的宗旨是为新手投资者指明指数基金定投的方向和目标，新手投资者根据 16 字方针进行指数基金定投会取得事半功倍的效果。这 16 字方针是“全面配置、低估定投、正常收割、高估卖本”。

全面配置

全面配置有两层意思：第一，将所有的鸡蛋放在不同的篮子中，同时保证篮子是有“底”的；第二，不同的篮子不要放在同一辆卡车上。

鸡蛋相当于我们手中的现金，篮子相当于具体的投资品种，卡车相当于大类投资市场，如 A 股市场、美股市场、外汇市场、房产市场；A 股市场中不同种类的指数，如宽基指数、行业指数，就是不同的篮子。

如果我们把鸡蛋放在不同的篮子里面，即购买了不同的指数基金。但是，将这些篮子都放在了同一个卡车上，即这些指数基金都是 A 股市场中的。那么，假如 A 股市场“翻车”了，投资者的投资也很不安全。因此，不仅要将鸡蛋放在不同的篮子里，还要将众多篮子分散在不同的卡车上，以防止翻车风险。过去几年全仓买入港股的投资者就属于卡车直接翻了，作为投资者要全面配置，分散风险，这样才会降低“翻车”的概率，风控永远是投资的第一要务。

另外要切记，投资者放鸡蛋的篮子一定要有“底”。之前很多投资者投资了高息理财产品，但刚性兑付无法实现，导致其损失了全部本金。这就相当于把鸡蛋放进了没有“底”的篮子里面，最终所有的鸡蛋都破了。

综合以上论述，投资者一定要把鸡蛋放在不同的篮子里面，同时保证篮子是有“底”的。更为重要的是，不同的篮子不要放在同一辆卡车上。

首先，投资者在全面配置投资渠道的时候要先找到不同的卡车，如房产投资、股市投资、外汇投资、贵金属投资等不同的投资渠道。如果孤注一掷地将资金全部压在股市上，那么投资者所承担的风险也较大。

世界各地的股市不是齐涨齐跌的，A 股、美股大概率会有一个轮动效应，在 A 股大跌而美股大涨的时候，如果投资者将装鸡蛋的篮子放在不同的卡车上，那么就会降低整体账户的波动风险。

例如，2008 年美国的次贷危机引发全球金融海啸，那时的美股极度低估，如果投资者在美股低位的时候配置美股指数基金，那么就会获取超额收益。

2018 年，A 股从年初的 3500 多点一直下跌到 2400 多点，跌了 1000 多点，整个 A 股市场都极度低迷，全市场指数市盈率百分位跌破 10%。这是 A 股历史上非常具有投资价值的时刻，如果投资者抓住了这次机会，那么盈利也是十分可观的。

从各地股票市场的角度考虑，我们需要将篮子放在不同的卡车上，只有这样分散配置，才能保证当市场发生翻车风险时鸡蛋不至于全部被打碎。当然，宽基指数具有永续性，只要投资者在定投宽基指数时坚持低估区域内止盈不止损，就能保证未来大概率是获利的。

其次，要找到不同的篮子进行分散配置。

A 股市场中有众多的指数，比如大盘蓝筹股指数（如上证 50 指数）、大盘股指数（如沪深 300 指数）、中盘股指数（如中证 500 指数）、小盘股指数（如创业板指数）、行业指数、长期债券指数等。投资者只有对不同的指数品种进行分散配置，才能够抵御非系统性风险。

将鸡蛋放在不同的篮子里面，再将篮子放在不同的卡车上，实现大类资产轮动配置，就可以提高投资账户的抗风险能力。

目前，刚入门的投资者的最佳选择是沪深 300 指数 + 中证

500 指数 + 中证 1000 指数 + 标普 500 指数 + 纳斯达克指数。

坚持这 5 个指数的定投，每个指数的仓位控制在 20% 以内，长期坚持下来，就会跑赢很多没有章法的投资者。

低估定投

低估定投就是在指数的价格远远低于其内在价值的时候对其进行定投。二师父在前面的章节中也详细讲解过低估定投的操作方法。

低估定投策略因为操作简单，所以总是被投资者轻视。而大部分新手投资者并不理解这一原则，所以会在指数严重高估时买入，这就是亏损的根源。

为什么要遵循这一原则呢？因为只有在低估区域内定投，才能够确保投资处于安全边际以内，才能将最大回撤控制在一定范围之内，然后通过定投摊低成本，进一步缩小回撤。

只有在回撤适当的情况下，投资者才能够比较安心地加仓定投，否则一旦回撤超过了其心理承受范围，投资者就会因极度恐惧而做出非理性的投资决策。

低估定投的好处就在于能够保证指数买得足够便宜，任何宽基指数只要买得够便宜，那么未来大概率是可以获利的。

即使是优质指数，只要买贵了，未来想赚钱也非常困难。

注意，只要一个国家的经济不出现大的问题，宽基指数最后都会涨起来，行业指数则可能因为部分不可控的风险而发生整体衰退的情况，最终定投也不会有好的收益。因此，行业指数的投资需要关注估值，也需要考虑未来行业的景气度和盈利空间。脱离景气度和盈利空谈估值，容易陷入低估值陷阱。

正常收割

正常收割是指当指数处于正常估值区域后，投资者所持有的对应的指数基金每上涨 10% ，就把利润卖出。有的人会问，可不可以不在此时卖出，而是一直持有到牛市高估时卖出？这样做是可以的，但关键问题是 A 股指数通常会暴涨或暴跌，如果你当时不卖出的话，一旦暴跌就相当于利润回吐，这会严重打击你的信心。例如，在 2009 年和 2019 年的小牛市中，如果投资者没有及时收割利润，那么最后都会经历较大的回撤。

在 2022 年 5 月和 6 月市场反弹时，如果投资者没有及时收割利润，那么后面不仅利润跌没了，而且会比之前浮亏更多。

但是，如果投资者的资金量非常充足，而且有耐心持有 5 ~ 7 年，那么也可以一直持有到牛市高估时卖出。当然，这期间会经历很多的利润回撤，投资者会因此损失很多利润。按照过去的经验，A股市场每隔7年左右会发生一轮牛市。是否收割还需要看个人的实际情况。

首先，要看仓位，一般重仓的时候最好先收割利润。

其次，要看未来你的现金流的增长情况。如果现金流充沛，有源源不断的补仓资金，你可以一直持有指数基金直到牛市高估时卖出。这样一方面能够享受到市盈率的增长，另一方面能够享受到股票指数的盈利增长，实现戴维斯双击效应。这两个方面需要综合考虑。

最后，要看你未来资金的进账情况，即净收入情况。如果每月结余很多，而且仓位不重，那么你可以不用着急收割利润。

高估卖本

当指数基金进入高估区域以后，投资者需要逐步卖出本金。具体可参见前文关于高估区域逐步清仓法的介绍。

高估卖本遵循的是逆向思维，即指数在高估区域内时，越涨越卖，不要企图卖在最高点，保证能够卖在相对高点获利即可。

当指数高估的时候，市场一致看涨的情绪会比较强烈，这个时候投资者一定要冷静对待，慢慢卖出高估的指数。

企图买在最低点和卖在最高点一样，都是贪婪的表现。在相对低点区域分批买入，在相对高点区域分批卖出，不贪婪，也不恐惧，就会有较好的投资结果。

第 7 章

基金投资的组合规划

7.1 把握宏观周期

四季轮回，经济周期变动，都是自然规律。

做基金投资时，我们需要学会看懂大势，把握宏观经济周期，在不同周期配置不同的资产组合。

传统的美林时钟将经济周期分为四个阶段：复苏、繁荣、滞胀和衰退，这里并未考虑经济周期中的宏观调控因素。

结合我国的逆周期调节政策和货币政策，实际上经济周期可以分为7个阶段，分别是复苏前期、复苏后期、繁荣期、滞胀前期、滞胀后期、衰退前期、衰退后期。

在经济衰退后期，政策逐步产生效果，衰退慢慢步入复苏周期。这个周期的第1阶段是复苏前期，因为刚从衰退进入复苏，宏观经济上仍旧处于通货紧缩阶段，货币政策仍旧会继续发力，宏观上慢慢就从通货紧缩进入通货膨胀。

由紧缩进入通胀就是复苏前期步入复苏后期的过程。在A股第4次大牛市中，2012年9月到2013年5月就是复苏前期。

复苏前期，债券市场的牛市慢慢终结，股票牛市逐步启动。一般在复苏前期末端流动性极度收紧的时候，债券开始大幅度下跌，而股市正在走主升浪。

股债轮动跷跷板效应也是从此开始。进入复苏后期，债券开始下跌。比如 2021 年中，市场就是在流动性不断宽松和复工复产的大背景下走向了复苏后期，那个时候债券开始加速下跌，很多银行理财产品因为重仓了长期债券而亏损，相反股票市场继续主升浪。复苏后期，股票继续上涨，大宗商品和债券反而持续走跌。

如果跟随趋势，在这种时候就需要布局股票，在趋势反转确认后再开仓更为有利。当经济复苏之后，股票持续向好，市场也会持续上涨到达周期顶部，也就是过热期，基本上牛市就会暂时终结，同时商品周期的牛市开始逐步启动。

政府觉察到经济过热、通胀压力显现的时候就会逐步收紧货币政策，而商品期货牛市会继续，因为从货币政策执行到货币政策产生效果中间有一个时间差，通常这段时间差就是行情的最后阶段。

政策收紧 2~3 个月后，经济会逐步转头向下，然而通胀继续上行，经济周期由过热进入滞胀阶段。滞胀前期，通货膨胀率持续高涨，商品期货牛市大规模演绎。

通胀在上涨的过程中，货币政策会持续收紧，最终到达临界点后通胀上行速度减缓，经济周期由滞胀前期进入滞胀后期。

股票、商品期货、债券同时进入短暂熊市，这也是唯一需要现金为王的阶段。如果利率持续飙升，持有现金资产比持有股票和债券都会更加有优势。

而利率高涨同时压制了通胀和经济，经济周期开始进入衰退期。根据衰退期是否有政策加码，又分为衰退前期和衰退后期。

在 A 股投资，货币政策和财政政策往往会根据市场情况进行逆周期调节，投资者也要结合实际的调节政策来判断美林时钟周期处于哪个阶段。

7.2 三大常规组合

现金替代类组合

可用于替代现金的投资品种很多，巴菲特采用的是短期国债。利用基金组合构建现金替代品也可以考虑国债基金、国开债基金、长期债券基金和短期债券基金。

在之前的论述中，我们知道，利率对短期国债的影响相对较小，对长期国债的影响相对较大。

对于构建这类组合，投资者需要根据不同的利率水平和变化趋势来决定配置长期债券基金的比例。如果利率已经降低到底部且没有下行预期，那么这时更应该配置短期债券基金，构建短期债券基金组合。如果利率处于中等水平，而且向上和向下的预期是相同的，那么可以短期债券基金和长期债券基金均衡配置。如果利率处于顶部，且有向下的预期，那么这时应该配置长期债券，构建长期债券基金组合。

防守型组合

防守型组合可以采用二级债基来构建。

二级债基是股票资产投资比例在 20% 以内、债券投资比例在 80% 以上的债券基金。

长期来看，二级债基的波动比沪深 300 小，持有一个牛熊周期之后，收益率和沪深 300 的收益率基本可以持平，但波动更小，投资者可以得到更好的投资体验。市面上优质的二级债基较多，投资者选择基金规模在 10 亿元以上，且过往业绩优质、回撤较小的即可。

稳健型组合

投资者可以利用以持有广发中债 1-3 年国开债、广发 7-10 年国开债等为主的纯债基金与复制沪深 300 指数、中证 500 指数、标普 500 指数的基金构建组合。

当市场估值较低的时候，多配置沪深 300 和中证 500、标普 500 指数基金，降低纯债基金的配置比例。当市场估值较高的时候，降低沪深 300、中证 500、标普 500 指数基金的配置比例，让指数基金的仓位在 20% ~ 80% 之间波动。

如果市场处于极端低位，这时沪深 300、中证 500、标普 500 指数基金的仓位应在 80%；如果市场处于极端高位，这时沪深 300、中证 500、标普 500 指数基金的仓位在 20%。注意，要永远保证指数基金的最高仓位不超过 80%，最低仓位不低于 20%，不断轮动再平衡实现资产增值。

第8章

定投哲学

8.1 什么是投资哲学

哲学是基本的世界观和方法论。那么，什么是投资哲学呢？投资哲学就是投资界基本的世界观和方法论。

世界观决定了方法论。你的投资哲学决定了你的操作方法。这是什么意思呢？二师父解释一下。

例如，在定投指数基金的时候，如果你的观念是基金的价格总是围绕着价值上下波动，那么你的世界观就是价值投资者的世界观，你的操作方法就是以合理的价格买入指数基金并持有到其价值回归；如果你的观念是持续上涨的指数基金更加具有投资价值，那么你的世界观就是趋势投资者的世界观，你的操作方法就是买入涨幅较好的指数基金，期待其价格进一步上涨。

在这两种不同的世界观指导下，第一种方式是低买高卖，第二种方式是高买更高卖；第一种是均值回归的思维方式，第二种是预期差的思维方式。两种方式都没有错误，只是世界观和价值观不同，导致了思维方式和投资模式的差异。

第一种投资方式是在遇到危机的时候买入，通过在危机时刻买到价格低于价值的基金，期望在未来价格高于价值时卖出，这种方式的风险在于价值判断是否准确。如果你判断是价格低于价值，而实际上买入的时候价格高于价值，那么就会亏损。第二种投资方式是在有利好的时候买入，通过在利好消息来临时买入升值预期较好的基金，期望利好消息可以把基金价格拉高。这种投资模式的风险在于，当你知道利好消息的时候，可能已经是机构拉高出货的阶段了，容易高位接盘。相比较而言，对于信息敏感的职业投资者和热衷于分析市场的投资者更适合第二种方式；对于信息不敏感，平时工作也很忙的业余投资者适合第一种方式。如果是职业玩家，两种模式可以结合，不同的账户采用不同的投资模式，可以用第一种模式投资宽基指数基金，用第二种模式投资行业指数基金和股票基金。

在投资界，这两种投资哲学都有各自的代表人物。例如，江恩和欧奈尔是趋势投资者，芒格和林奇是价值投资者。

我们无法辨别哪种投资哲学更好，二师父只想告诉你，根据自己的性格发展自己的投资哲学才是最重要的，适合自己的才是最好的。

作为价值投资者，二师父认为指数基金的价格总是围绕着其价值波动的。因此，我自己的操作方法就是在指数基金处于低估区域时分散买入并长期持有到其价值回归，甚至是到了因为市场的非理性因素导致指数基金的价格远高于其价值时，才卖出持有的指数基金。

现在我也进一步优化了自己的投资方式，会结合市场政策性利好，在趋势上行的时候买入行业指数 ETF，当利好兑现完毕之后，止盈卖出，当买入之后发现利好转为利空或者出现了“黑天鹅事件”，则做好止损保护。多策略灵活运用，不拘泥教条，才可以不断进步。

这是二师父投资哲学中最为核心的内容，其本质在于格雷厄姆的三大投资理论：市场先生、安全边际、组合投资。而趋势交易的核心在于：顺势而为、截断亏损、让利润奔跑。

8.2 二师父的基金定投哲学

投资是一门艺术，投资成功与否与投资者对数学、金融学知识的掌握程度关系不大，而是取决于投资者对哲学、历史、心理学知识的掌握程度及对人性的洞察。

在美国，巴菲特是长期价值投资者的代表。然而，我国的投资者很少有真正的长期投资概念。二师父在这里所说的长期投资是指终身持有。面对我国市场的波动性，投资者应在价值投资的基础上灵活运用各种投资策略。

二师父采用的是低估定投结合利润收割及股债轮动的中长期投资系统的投资策略，用主仓位做战略布局，用副仓位做波段操作（利用网格）。

二师父的投资哲学就是以价值投资为原则进行投机操作，投资性买入，投机性卖出，最终取得盈利。核心是为了盈利，盈利的必要条件是卖出价格高于买入价格。一味机械地死磕行业指数基金，很容易在行业整体崩塌的时候长期亏损，亏了钱还可以再挣回来，浪费的时间却是无价的。

认格雷厄姆和巴菲特为师，博取百家成功之长，不局限，不固执

毫无疑问，当今世界证券投资第一人是巴菲特。他的理性、他的思维方式、他的意志、他的投资方法、他的投资结果等，都值得我们学习。巴菲特喜欢阅读财务报表，所有爱好都让位于证券投资；他是一个工作狂，虽然已有 90 多岁的高龄，但他仍旧会跳着踢踏舞去上班。在巴菲特 60 多年的投资生涯中，其

平均年化收益率为20%左右，一度成为世界首富。巴菲特的投资哲学可以说是格雷厄姆、费雪和芒格的投资哲学的集合体，其投资哲学主要体现在以下几个方面。

（1）重视基本面分析、内在价值分析，不碰不熟悉的行业。这种投资哲学虽然让巴菲特错过了微软，但他是与时俱进的，后来规模持有苹果公司的股票。终身学习，不断改进自己的投资哲学和投资方法，这是我们最应该从巴菲特身上学习的。

（2）坚持长期投资，不因短期涨跌而动摇，不想持有十年的股票就一分钟也不要持有。在A股投资，这一点需要辩证看待，一只股票在价格达到顶峰的时候，也是需要及时卖出的。

（3）投资各行业的“收费桥梁”公司、特殊的垄断企业、笨蛋也能管理的简单型公司，也就是有定价权、有护城河的公司。

（4）以自我为主，不追逐热点，不预测市场，喜欢逆向思考。这一点非常适合做宽基指数基金的逆向定投，定投低估的宽基指数基金，卖出高估的宽基指数基金，长期来看，这是胜率远高于赔率的投资模式。

（5）以企业成长性、产品市场占有率为主要考核指标。巴菲特的老师格雷厄姆也是一位伟大的投资家。因为经历过1929年的美国经济大萧条，所以格雷厄姆的投资体系相对保守，并创造性地提出了市场先生、安全边际、组合投资等策略。严格遵循这些策略，投资者可以保证在系统性风险来临的时候基本安然无恙。

格雷厄姆的安全边际理论、巴菲特的内在价值理论都是投资过程中不可或缺的理论。这两个理论强调，投资者要在指数基金处于低估区域时买入，同时要保证购买的指数基金的成分股公司的盈利足够好，只有这样才能够在单位本金下取得最佳收益率。

二师父在投资过程中严格以这两位投资大师为学习对象，博取百家之长，在核心原则不变的情况下不断优化改进，从而制定出符合当前市场环境的指数基金投资策略。

其实在这两位大师之前还有一位前辈——巴鲁克。

我国投资者对格雷厄姆和巴菲特比较熟悉，不过对巴鲁克相对陌生。然而，巴鲁克是格雷厄姆的前辈，也是格雷厄姆非常敬佩的投资大师。

巴鲁克出生于 1870 年，19 岁进入华尔街，25 岁成为华尔街证券经纪公司的合伙人，在 32 岁就通过投资成为百万富翁。当年的百万富翁相当于现在的亿万富翁。

1927 年，巴鲁克和格雷厄姆相识，格雷厄姆按照自己的价值投资理念，向巴鲁克推荐了一些有长期稳定盈利记录、价值却被严重低估的股票。巴鲁克认真听着格雷厄姆的分析，十分认可，并大量买入格雷厄姆推荐的股票。

然而，格雷厄姆和巴鲁克业绩的分水岭发生在1929年之后。在1929年牛市到达高峰前，格雷厄姆和巴鲁克有过一次交谈，他们都认为股票市场高得离谱。巴鲁克认为银行为股票投资提供的定期贷款利率为8%，而股票市场股息收益率却只有2%，股票泡沫严重。于是，他在市场的一片乐观之中决定卖出一切能卖出的股票。

然而，格雷厄姆却没有逃脱这次大熊市，他在大熊市的时候倒下了。

所以，对于巴鲁克的投资原则，投资者也要认真了解。

1. 不要投机。

2. 警惕不懂证券的人向你推荐股票和分享内部信息。

3. 买入某只标的之前要弄清楚关于这只标的的一切信息。

4. 不要企图买在最底部和卖在最顶部，除了骗子，没人可以做到这一点。

5. 迅速、干净利落地处理损失，当犯下错误的时候，及时纠正。

6. 减少买入标的种类，关注几只重要标的。

7. 定期评估所有投资，看标的是否已经恶化。

8. 始终以现金储备的形式保留一部分资本。

9. 坚守自己熟悉的领域，不要什么投资都去做，没有万事通。

记住，不要亏损

风险控制始终是第一位的，获利永远是第二位的。很多人一进入股票市场就想大赚特赚，甚至一夜暴富，这是很危险的想法。

股票市场是具有高度风险的市场，投资者首先需要做的就是保证本金的安全。如果你先亏损了 50% 的本金，那么剩下的本金上涨 100% 你才能够收回成本，这个难度是非常大的。

对于刚进入股市的投资者，安全性非常重要。因为一旦亏损，新手投资者难免会方寸大乱，因急于翻本而把原来定下的投资理念全忘了，拼命追赶热点，结果越陷越深，最后被市场淘汰。

为了确保投资安全，投资者在入市前要做好准备工作。首先是了解市场，学习相关理论知识；然后进行模拟操作，决定自己的操作方法。投资者要找到适合自己的投资方式和操作方法，有些人的性格适合做趋势正向，有些人的性格适合做价值逆向。任何方法都可以，关键要适合自己。

做好准备工作后，投资者应选择适当的入市机会，力争马到成功，以树立自己的信心。好的开头是成功的一半。在买进股票和指数基金前，投资者一定要深思熟虑，把安全放在第一位，把赚钱放在第二位。

经过反复思考并入市后，投资者还要想好发生亏损时的应对措施。判断失误、看错股票、操作失误是不能避免的，无论是投资还是投机，投资者一旦证实自己看错了，就一定要毫不犹豫地卖出止损，不能存有侥幸心理，以免引起重大亏损。

事实证明，股票投资止损是保证资金安全的必要手段。这一点不同于宽基指数基金定投。宽基指数基金定投是不需要止损的，指数具有永续性。投资者只要坚持按照节奏在低估区域内逆向加仓，等待其价值回归就能够赚钱了。

而对于行业指数基金，一旦发现判断错误就要及时离场。投资时也要严格控制仓位，因为逆向定投行业指数基金本身风险较大。对于大资金投资者，定投宽基指数基金更为稳妥，少量配置行业指数基金，这样即使遭遇行业“黑天鹅事件”也会避免毁灭性损失。

以基本面分析为主，把握资产周期

纵观世界证券市场，大多数成功者都采用了基本面分析方法，很少有人采用技术分析法获得投资成功。

有的人总说自己能够预测大盘，其实这种人大多是骗子。对于股市，没有人能够预测大盘的走势，最多是判断牛熊大趋势。

你也许能够预测对一次，但不能保证每次都预测正确。所以，投资者不应将注意力放在预测市场上，而是要做好组合配置，等待价值回归。虽然价值投资者采用的投资方法各有不同，但是经过仔细分析可以发现，大部分投资者采用的都是以基本面分析为主、以其他方式为辅的投资方法。

基本面分析就是分析影响上市公司价值的基本因素。基本面包括外交和政治、金融和经济、汇率和利率、国情和人气、社会需求和市场供给、经济周期和股市趋势、管理机构和上市公司、行业前景和产品结构、董事长和管理层、老与新和大与小、企业成长性和市场占有率、负债率和利润率、资源结构和市场容量等内容。要想全面了解和熟悉上市公司的基本面绝非易事，投资者应在平时边操作边学习，边学习边操作，使自己的资本随着学识、经验的增长而增长。

投资者必须不断学习，以充实和提高自己，跟上时代前进的步伐，否则就会被市场淘汰。基本面分析的宗旨就是学习、提高和判断经济趋势，保证自己对宏观经济大势和股市牛熊周期有一个整体的认识。

进行基本面分析的目的是研究股票的内在价值，以便投资者对照股票的表面价格来决定操作方向。无论是短线型投资还是长线型投资，无论是价值型投资还是成长型投资，决定操作方向的都是股票的内在价值与表面价格的比较，以及股票与股票之间相对价值的比较，即价值比较。投资者可利用股票的内在价值与表面价格的差异，以及将来股票价格的价值回归来获取利润。

对指数的基本面分析是分析指数过往业绩及指数持仓股票的基本面，确定了指数足够优质以后再判断其估值，保证在其价格远低于其价值的时候按照节奏买入，这样未来大概率是会获利的。

在投资的基础上进行灵活的买入和卖出，尽量抛弃成本概念，用心掌握内在价值

从安全第一的宗旨出发，投资者应坚持以价值投资为主。

在研究指数内在价值的基础上进行价值比较后买进的指数基金，应该说是不怕市场短期下跌的。对于这种指数，投资者没有必要在其下跌时抛出，而是应该耐心等待指数的价值回归。

然而，如果一旦证实自己看错了价值，投资者就应该立刻暂停投资，必要时应该切换到更为稳妥的债券基金上。

市场先生是情绪化的，当他乐观的时候，他往往只会看到利好消息。同时，为了避免手中的股票被买走，他会给股票报出一个很高的价格，甚至想要从你手中买下股票。而当他悲观的时候，他会异常沮丧，只能够看到经济中的利空消息，这时他就会报出一个很低的价格。

真正的价值投资者就是利用市场先生的非理性情绪，在股票的价格低于其价值的时候买入，而不理会指数的波动。

坚持投资的耐心很重要！但是，如果指数的持仓股票的基本面整体走弱，那么这样的指数就失去了投资价值，投资者应停止定投。

学会独立思考、独立研究，用实践论证自己观点的合理性

很多人喜欢预测市场，但是市场的走势总是和大多数人的

预测相反。股市有个有趣的现象：在绝大多数人看好时，股市就会下跌；在绝大多数人看空时，股市就会上涨。这就是著名的相反理论。

进入股市后，投资者一定要根据自己的判断进行操作，世界上很少有成功者是靠别人的指导而获得成功的。但是，靠自己不等于一点也不听别人的观点。正好相反，投资者要尽量多听别人的观点。因此，在投资过程中，我们要奉行的是拿来主义，不管有用的或没用的、正面的或反面的，统统加以吸收消化，变成自己的经验和教训。当然，最终的决策还是要自己来定！这就是广泛吸收、取其精华、弃其糟粕，将所有的方法整合为自己独一无二的操作方法，会更有助你获得成功。

需要注意的是，投资者必须选择符合自己性格和习惯的投资方法，同时，选定了投资方法后尽量不要经常更换。因为只要坚持应用，任何一种正确的投资方法都能赚钱。切忌朝三暮四！

学会理性分析，控制内心的贪婪和恐惧，培养耐心，细水长流

在投资过程中，投资者所有的分析、买入和卖出决定都必

须有理有据，确保自己是在理性分析的基础上进行的操作，只有这样才能减少投资失误。最好的方法是结合二师父指数的低估定投策略 + 股债轮动策略，做组合投资，保证在最小波动的情况下取得最佳投资收益率。

如果能够将本书前文讲的“定投十六字方针”吃透，那么投资者的指数投资就算是入门了。

人性中有两大弱点：恐惧和贪婪。失去心理平衡而浮躁冒进的人看似强悍，但其往往会成为“贪婪”的牺牲品；为好消息怦然心动而搞不懂内因决定外因的人看似理智，但其往往会陷入“恐惧”的陷阱。从理性的角度看，“得不喜、失不忧、宠不惊、辱不惧”才是我们追求的最高境界。

“宠辱不惊，闲看庭前花开花落；去留无意，漫随天外云卷云舒。”这种心态是修行者理应追求的。

耐心是衡量一个人综合素质的一项标准，投资者一定要有耐心。

当优质指数在高估区域内不断高涨时，投资者需要耐心地等待指数重回低估区域，切记不可盲目冒进，追高买入；当指数在正常估值区域时，投资者要耐心地持有指数直到指数回到高估区域，实现投资的复利增长，而不是追求短期利润落袋为安；当指数在低估区域内反复震荡时，投资者需要耐心地坚持定投没有政策风险的宽基指数基金，克服内心的恐惧，耐心定投，直到指数的价值回归正常估值甚至高估区域。

买进时小心谨慎，卖出时要果断

投资者的利润其实在买入指数基金的那一刻就已经被决定了，如果不能够确定大概率会获利，那么一定不要买入。

投资者应反复地研究自己投资的指数基金的优劣及估值，确保指数所包含的上市公司的盈利良好并且处于安全边际之内，同时保证指数基金完全复制指数，跟踪误差小，并确定指数基金规模足够大，不会有清盘的风险。

再次建议普通投资者选择规模在 5 亿元以上的宽基指数基金，这种基金最为稳妥。

很多投资者都是在市场赚钱效应明显的时候买入指数基金的，有时甚至连购买的指数基金的持仓股票是什么都不知道。对于这种没有确定性盈利预期的买入，如果指数大跌，那么投资者的恐惧会不断加深，最终割肉止损。

买入指数基金时一定要多方求证、小心谨慎，确保买入的指数基金符合上述要求，同时谨遵安全边际原则，当指数不在低估区域时停止买入。买入之后要耐心持有，等待价值回归后卖出，同时不断寻找并买入市场上低估的优质指数。

卖出时一定要果断，不能拖泥带水。当指数基金估值正常且仓位过重时，投资者应及时收割利润，当指数基金进入高估区域的时候应逐步清仓，不要过于贪婪，卖出之后即使指数继续上涨也不要再次买入。

自下而上的投资

自下而上的投资是指从分析企业基本面开始，或者从指数基金的盈利情况和估值情况分析开始进行投资。专注于基本面分析，投资者更容易把握指数基金的价值，从而按照价值投资的安全边际理论来进行投资。

在掌握了企业基本面分析、指数基金估值分析、指数基金未来盈利预测分析等基础分析方法以后，投资者应学习宏观经济知识，了解我国乃至世界的经济走势，了解我国的宏观经济政策、货币政策和财政政策，不断加深自己对经济的敏感性和对资本市场的理解。

宏观经济也要重点关注，美联储是世界的水龙头，我国央行是国内的“水龙头”。开闸放水的时候，下水更容易赚钱；反之，关闭闸门甚至从市场抽水的时候，投资则容易赔钱。大环境好的时候，投资者可以甩开膀子，开足马力投资；大环境不好的时候，投资者就要审时度势，降低投资金额。

这就是自下而上的投资方法，即先从企业的基本面和指数的价值、估值层面分析开始，然后逐步上升到宏观经济分析。

设定好安全边际

投资者要做到规避风险，简单来说就是要设定好安全边际，在安全范围内进行投资。

优秀的投资者一般在买入的时候就能够明确地知道自己将来会有多大的概率获得多少利润。这可以作为一个指导原则。如果你不知道自己是否能够获利，那么我建议你还是不要买入。

在大熊市的时候，由于企业盈利下降和估值下移带来的戴维斯双杀效应会导致指数和股票的价格大概率低于其实际价值，因此在熊市买入优质的指数基金一般都能够获利，指数基金的回撤也能够控制在可承受的范围内。

而巨亏往往是因为在牛市加仓入市，大牛市的时候股票疯涨，以至于很少有人相信股市会下跌，贪婪会让投资者陷入危险的境地而无法自拔。

投资者应规避风险，即在别人贪婪的时候及时退出，在指数高估的时候要克制内心的贪婪，学会逐步减仓，当牛市高潮所有股票都上涨的时候全部清仓，远离股市。当然，最好的原则是在大盘指数低估的时候买入或持有股票，在指数或股票高估时不要买入或持有。

虽然克服人性中的贪婪非常困难，但是要获得股市投资的成功就必须克服这个弱点。在投资过程中，投资者需要保守行事，这样才能确保投资安全。二师父认为，新手投资者在全市场指数市盈率历史百分位为 25% 以下时开始定投 A 股指数是比较安全的。安全边际设置得越严格，指数基金定投的回撤就越小。如果全市场指数市盈率历史百分位高于 70%，那么投资者就应远离股市。此时再进入就已经不是价值投资，而是投机行为了。

不懂不要买，坚守能力圈原则

投资者应投资自己擅长的领域。很多人在购买股票时，看到哪些股票价格涨得快就凭自己的感觉购买。这是非常致命的。

在股票价格上涨的时候，你不知道何时到达最高点。此时要么是赚取很少的利润落袋为安，要么是遇到股市大逆转被套牢。最好的办法就是只投资自己熟悉的领域，只购买自己确定能够获利的指数基金或股票。

投资者要坚守能力圈原则，即围绕自己熟悉的领域进行投资，这是以巴菲特为代表的价值投资者所坚守的重要原则之一。能力圈的大小并不是关键，关键在于你要清楚自己能力圈的边界，简单来说，就是知道自己懂什么、不懂什么。界定出自己懂与不懂的边界后，你就要只在自己懂的领域内进行投资。

有的人会说："我连指数基金是什么都不懂，是不是就不能投资指数基金呢？"如果你连指数基金最基本的获利原理都不懂，看到各种基金代码一头雾水，那么最好不要购买指数基金。此时，投资者需要先扩大自己的能力圈，学习指数基金及定投的相关知识，把简单的宽基指数、行业指数的投资纳入自己的能力圈范围之内。当自己对这些领域有了深入的了解，建立了关于指数基金定投的能力圈后，投资者才能够进行投资。

大家一定要清楚，一定是先建立能力圈，然后再进行投资，这个先后顺序不能弄错。很多人一进入资本市场就将资金全部投资到单只股票上，等到股票价格回撤被套牢后才开始学习股票投资知识。这就是典型的先投资后建立能力圈的行为。

如果一项投资不在自己的能力圈范围内，那么我们一定要通过学习建立自己的能力圈，然后在能力圈范围内投资。每扩大一次能力圈，我们的投资水平就会有一个质的飞跃。

对于能力圈之外的投资，投资者需要抵制高额利润的诱惑，无论别人怎么看好，自己都不要理会。

慢即是快

在投资过程中，耐心是很重要的一种品质。投资者既要有足够的耐心等待定投标的进入低估区域，也要有耐心持有几年都不涨的宽基指数，对于行业指数，只有明确其价值之后才值得长期持有。这一点几乎决定了你的投资能否成功。不是任何时候都有好的投资机会。刚进入市场的投资者总是会频繁地买进卖出，这源于他们的贪婪，总想快速发财。在没有符合自己投资标准的投资机会时，最好的策略就是耐心等待。

指数基金定投是在熊市的时候选择低估的指数基金逆势定投，而要想熬过熊市迎来牛市，就需要有耐心。

只有有眼光且极富耐心的人才能够做到在熊市布局，在牛市收获。当然，很多人没有长远的眼光，也没有耐心，这就注定了他们无法成为成功的投资者。

真正的价值投资者不需要看一天的涨跌，因为从长期来看，几天的涨跌在整个周期中根本不值一提。可以说，决定指数基金定投成败的关键在于投资者是否拥有耐心，即长期坚持定投的耐心、长期持有的耐心。

关于耐心，投资者需要做到两点：第一是不贪心，不抄底，能够规划好资金，耐心地定投；第二是有足够的耐心不赚快钱，能够忍受长期浮亏而不止损。

少即是多

生活中的幸福感和拥有的物质财富并不是成正比的，而是有着一个边际递减效应。当物质条件匮乏的时候，随着收入和消费的增长，人的幸福感会逐步递增；当物质财富增长到一定程度以后，物质财富的增加对幸福感的影响程度会越来越小。

投资指数基金也一样，适当地增加相关性不同的指数基金的配置可以提高收益率并降低投资风险。然而，当指数基金的数量太多（超过 10 只）时，投资者打理起来非常不方便，这并不能起到提高投资收益率的作用，对分散风险的作用也较小。

一只指数基金本来就是一篮子分散的股票组合，因此投资者没有必要再去选择太多的指数基金了，否则会让自己没有精力去专心研究已经定投的指数和企业的基本面。同时，投资者也会因此无法知道指数基金的持仓股票的基本面变化情况，这样反而会降低组合投资收益率。

坚定执行自己的投资系统

投资者应建立自己的投资标准，不要被市场的情绪左右，并严格按照自己的投资标准进行每一笔买入和卖出操作。每一笔操作都要有理有据，投资者不能凭空想象，尤其是不能被市场情绪左右，否则后果将是致命的。

一项正确的投资必须包含“五个知道”。

第一是知道自己的投资体系是什么，是做价值投资还是做趋势投资，是做长线投资还是做短线投资。

第二是知道自己投资的获利原理是什么，是靠短期市场波动，还是靠企业盈利的增长。

第三是知道自己投资的标的大概什么时候获利、能够获利多少。

第四是知道自己投资的风险在哪里，万一发生了风险是否有应对策略。

第五是知道未来何时卖出、需要获利多少、如何管理卖出之后的资金。

以上“五个知道”是投资者必须想明白的问题，如果没有想明白，那么就很容易在股市发生风险的时候不知所措。投资者必须经过独立思考，把最基本的问题回答出来，只有这样才能成为一个合格的投资者。

投资者可以听取别人的意见，但是不能依靠别人帮自己做决定。

牢记指数基金定投的风险，投资时一定要极力避免这些风险

风险一：贪婪和恐惧的风险

这种风险是由人性决定的。贪婪和恐惧体现在操作上就是常见的追涨杀跌。当股市跌到底部时，便是投资者买入指数基金的好时机。可是面临这些节点时，大多数投资者都害怕自己的本金遭受损失而停止了买入，甚至割肉清仓出场，这是由人厌恶损失、恐惧失败的心理造成的。

2018 年，上证综合指数跌破了 2500 点，已经到达了底部，本来这是一个非常好的积累低估资产的机会，可仍有投资者产生了恐惧，害怕股市不会涨回来，于是割肉清仓。投资者要想在股市中赚钱，就要克服自己内心的恐惧，选择优质的指数或股票，在价格低于其价值的时候勇敢加仓。

很多投资者在股市处于底部时不敢买入，反而在股市处于高位时开始加大定投金额甚至准备建立底仓，企图追上股市的

上涨。殊不知，定投亏损的根源就是买贵了。熊市恐惧、牛市贪婪，这是定投最大的敌人。正确的做法是，熊市时克服恐惧加大买入，牛市时克服贪婪不断卖出，这才是最佳的投资策略。

风险二：没有经过研究就盲目进入的风险

很多投资者在定投指数基金时都是别人说好他就买，自己根本没有买进的合理理由，也没有自己的买入策略。

学习任何一门技能都需要耐心和时间，投资也是如此。没有实际的定投经历，很难真正学会投资。

学习和理论总结永远在实践的前面。要想做好投资，就要先掌握投资的理论知识，然后再进入市场实践。

只有通过不断地学习、实践和总结，你才能够让自己的投资体系越来越完善。

对投资的理解决定了在熊市底部是否能够逆向加仓，在反弹之后能否逐步卖出。如果投资者对市场没有自己的认识和理解，只知道买入，不知道卖出，就容易坐一轮又一轮的过山车。

投资者必须自己深入学习，然后实践，根据实践结果总结，才会慢慢学会投资技能。

风险三：自我膨胀的风险

在牛市的时候，大部分投资者都能够赚钱，即使是垃圾指数也能飙涨。刚接触股市时，如果你投入 1 万元准备试试水，结果遇到大盘一路上涨，那么你就会误认为自己适合做股票投资，于是开始大量投入资金，在高位时加大投入，但最终大盘跳水会将你牢牢套住。投资者不要自我膨胀，要始终对市场保持敬畏之心。要知道，在股市中赚钱是很不容易的。

很多人并不是在熊市的时候发生巨亏，而是在大牛市时一次性重仓买入股票或基金，最终导致巨亏。

投资者要始终对市场保持敬畏，铭记市场的周期规律，在低位入场，在高位出场。只有这样，才能让自己安全地在股市中生存。2021 年牛市转熊市的时候，大部分投资者还沉浸在之前牛市的喜悦之中，在中概、医疗这些行业指数基金并未到达低位的时候开始定投甚至多次企图抄底，就是因为过去的牛市效应导致自己心理膨胀，认为股市赚钱容易，最终导致被深度套牢。

“上帝欲使其灭亡，必先使其疯狂”。当投资者在股市逐步膨胀过程中认为赚钱很容易的时候，也就是他可能要发生重度亏损的时候。

风险四：无法坚持到底的风险

低估定投策略的难点不在于选择指数基金，而是坚持。选择指数很容易，对于最常见的宽基指数，比如沪深 300 指数、中证 500 指数、中证 1000 指数、标普 500 指数、纳斯达克指数，投资者都知道其价值，然而最重要的是坚持。

A 股一轮熊市通常有 5 年的时间。事实证明，大部分投资者无法在长达 5 年的浮亏情况下还坚持定投。因此，投资者要培养自己的耐力、毅力和定力，在别人坚持的时候坚持，在别人放弃的时候仍旧坚持，只有这样才能享受到胜利的果实。

风险五：盲目抄底的风险

新手往往死于追高，而老手往往败于抄底。

在熊市刚开始的时候，一些过去有过成功经验的投资者往往对自己的判断过于自信，容易主观判断市场底部，从而在自己认为的底部一次性投入全部资金。

然而误判底部，抄底抄在半山腰，更容易遭受大幅度回撤，从而让整个定投计划失败。正确的做法是放弃抄底思维，严格执行低估定投策略 + 价值平均策略，让自己的投资金额有节奏地积累。事实证明，A 股熊市很长，永远不缺乏低位买入的机会，投资者要确保真正的超级底部到来之后自己手里依然有资金，自己依然有信心。只要留在这个市场中，就永远不缺投资的机会，一旦抄底失败被迫出局，就再也没有翻身的机会了。

二师父的定投哲学虽然只是一些空洞的思想，但却是大家在投资过程中最需要具备的知识和素养。因为投资到最后你会发现，你根本就不是在和其他投资者竞争，你需要克服的就是自己人性上的弱点。谁能够克服自己人性上的弱点，谁就能够在股市中大获全胜。

第 9 章

常见投资问题解答

9.1 如何建立自己的投资系统

有自己的投资系统，就如同在生活和职场中有自己的原则，按照原则行事就不会走偏；同理，按照投资系统投资就不容易入坑。

那么，怎么建立并优化自己的投资系统呢？

第一，明确投资理念

在投资界有两种理念：逆势投资和趋势投资。

逆势投资是看重股票或者指数的价值，然后在一定安全边际以内买入并长期持有；趋势投资看重消息、情绪和股票的预期走势，然后在大环境利好的时候买入，短期持有并赚取价格差。

看着都是赚钱，然而第一种方式赚的是企业成长的钱，第二种方式赚的是预期差的钱。本质上有很大差别。

逆势投资是价值投资鼻祖格雷厄姆开创的投资理念，经过巴菲特和芒格的发扬，最终在 20 世纪 90 年代被引入我国。虽然目前我国还有很多人并不知道或者不认可这种投资理念，但是随着时代的发展和我国股市的改革进步，这一定会成为家喻户晓的投资理念。

第二，选择具体的投资品种

常见的有 A 股、港股、美股，对于接触证券投资不久的朋友，我建议从 A 股开始。毕竟 A 股有涨跌停保护机制，盘中下跌 10% 或 20% 自动停牌，而港股中的一些股票下跌是没有下限的。

对于 A 股，最好的投资方式是定投指数基金。投资指数基金，只要能够承受住波动就可以，而股票投资需要看懂基本面，比指数基金投资的要求更深入一步。如果指数基金投资做得游刃有余，那么投资者可以进一步学习如何看企业的基本面。这是一个过程，先学会承受波动，然后学习看企业的基本面。

至于如何选择具体的投资品种，读者朋友可以参考我的“五步定投法”，多看几遍，基本能够入门。这是最快的入门方法了。

第三，升级投资系统

学习是一件没有止境的事情。

我建议大家多看看巴菲特的文章，可以阅读《巴菲特致股东的信》，里面不仅有投资知识，更有人生智慧。

你会发现，投资人的成功不仅仅是因为选择了好的股票，还是因为拥有无尽的智慧，他们低调、朴素、节俭、真诚、智慧、乐观、平静、自制。这些优秀的品质才是投资成功的根源。拥有这些品质的人，即使不做投资，去其他领域一样会独领风骚。

9.2 如何给指数估值

1. 市场指数市盈率

在 A 股市场上比较有代表性的指数有上证综合指数、深证综合指数、中证全市场指数、万得全 A 市场指数、创业板综合指数。大家可以根据这些市场指数的市盈率来大致判断当前市场的位置。

如图 9-1 所示，这是全市场指数市盈率走势图，根据历年 A 股全市场指数市盈率生成，从图中可以直观地看到某个时点上全市场指数市盈率相对于历史上全市场指数市盈率的大小。

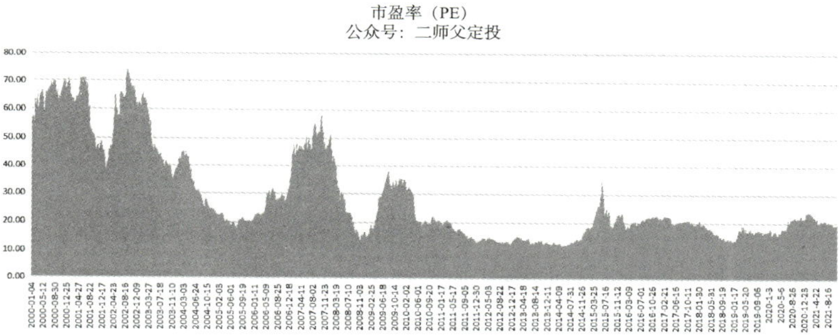

图 9-1　全市场指数市盈率走势图

当前市盈率相对历史上其他时间的市盈率越低，可以初步认为当前全市场指数估值越低。为什么是初步？后面会进一步解释。

为了使投资决策更加量化，投资者还可以计算出全市场指数市盈率百分位，这个指标的含义是历史上有多少时间是低于当前市盈率的。

比如，Wind 数据显示，截至 2022 年 9 月 20 日收盘，万得全市场指数市盈率是 16.79 倍。经计算，全市场指数市盈率百分位为 23.18%。这意味着从 2000 年开始，在 A 股历史上有

23.18% 的时间，万得全市场指数市盈率低于 16.79 倍。

投资者可以根据这个指标判断美国、印度、日本、德国等所有市场的估值程度。当然，这个指标也有局限性，只能够作为参考指标之一。

2. 盈利收益率相对国债收益率的比率

纯粹的市盈率指标有可能会失效。比如，2015 年创业板指数市盈率高达 100 多倍，而当时沪深 300 指数市盈率才 18 倍，两者出现了巨大偏差。这是横向对比的偏差。

沪深 300 指数市盈率在 2014 年最低位到达了 8 倍，而在 2018 年历史底部区域，它的市盈率还有 10 倍多。如果按照简单的市盈率估值体系，那么当时很多人都不会投资沪深 300 指数。

指数的本质是股票，股票的本质是资产，影响资产价格的因素包括资产价值、供给、需求、利率、汇率、通胀、预期、情绪等。没有一个指标是万能的，唯有多维度综合判断才能够避免陷入估值陷阱。

盈利收益率相对国债收益率比率的估值方法是格雷厄姆提出的。作为一个经历过美国 1929 年大萧条的人，他的投资风格非常保守和稳健。也正因如此，盈利收益率相对国债收益率比率也被称为格雷厄姆指数。

格雷厄姆通常只考虑盈利收益率相对国债收益比率大于 2 的投资品种，按照这个思想其实会错过很多大牛股。

因为盈利收益率 =1/ 市盈率。要想盈利收益率相对国债收益比率大于 2，那么股票市盈率会很低，容易陷入估值陷阱。

所以，格雷厄姆指数只可用于全市场指数的估值判断，并不能够用于对单个股票的估值。

盈利收益率 =1/ 全市场指数市盈率，这个指标代表当前投资 A 股指数的报酬率。比如，全市场指数市盈率是 20 倍，盈利收益率是 1/20 × 100%=5%。

这就代表当前投资全市场指数可以获得 5% 的盈利收益率。

国债又称国家公债，是以国家信用为基础，由中央政府筹集财政资金而发行的一种政府债券。这是非常好的无风险资产，比如场内交易时就可以用国债 ETF 进行避险。

既然国债是无风险资产，那么国债收益率就是无风险资产收益率。假设股票风险资产的报酬率是 5%，国债收益率是 4%，对于大型机构来说，这时候就可以购买国债，追求确定性的收益。

而当股票风险资产的报酬率变为 10%，国债收益率还是 4% 时，风险资产虽然有风险，但是因为股票资产极度低估而风险降低，这时候风险资产的投资价值就凸显出来了。

3. 巴菲特指数

巴菲特指数是将股票市场指数与经济基本面相比较的估值指标，其计算公式如下：

巴菲特指数 = 股市总市值 ÷GNP

GNP 是指国民生产总值，是一个国民指标，代表一国国民在一定的劳动力和生产要素条件下产生的服务和商品的价值总和。

GNP 和 GDP 具有相关关系，GDP 是地域指标，代表一个地域内在一定的劳动力和生产要素条件下产生的服务和商品的价值总和，两者关系公式如下：

GNP = GDP− 外国公民在国内创造商品和服务的价值总和 + 本国公民在国外创造的商品和服务的价值总和

为什么计算巴菲特指标需要用 GNP，而不是 GDP 呢？因为外国公司在我国产生的价值计入了我国的 GDP，而没有计入我国的 GNP，这些外国公司产生的价值带来的市值增长并未计入 A 股市值，所以我们计算 A 股的巴菲特指数要采用 GNP

指标。

再看市值，市值应该是所有经营业务在我国的公司的市值，有的公司在海外上市也要计入。

那么，计算巴菲特指数所用的股市市值，就是沪深 A 股市值加上在港交所上市的中资股市值，再加上在美国上市的中资股市值。

如果巴菲特指数低于 70%，说明股市处于低估区域；如果巴菲特指数高于 100%，说明股市处于高估区域。

这个指标虽然有其局限性，但是把估值体系和经济基本面联系起来了，是一个非常好的指标。

4. 风险溢价率

单纯地利用全市场指数市盈率百分位计算市场指数估值的时候，我们只考虑了股市本身，并未考虑利率和通胀对股市的影响。而实际上高利率对股市的走势会有压制效应，在高通胀环境下股市也很难走出大牛市。因此，在估值时，我们可以引用中国 10 年期国债收益率这个无风险利率指标来把利率和通胀对股市的影响考虑进来。

国债收益率是和利率正相关的，一般如果市场利率走高，10 年期国债收益率也会走高。同时，10 年期国债收益率与 CPI

（消费价格指数）预期正相关。如果 CPI 预期走高，那么 10 年期国债收益率会走高；反之，如果市场 CPI 预期走低，那么 10 年期国债收益率也会相应走低。

因此，10 年期国债收益率涵盖了利率及通胀预期的变动因子。如果我们将股票的盈利收益率扣除 10 年期国债收益率，那么就相当于把股票盈利收益率受到利率和通胀预期影响的因素给剔除出去了，这样得到的就是风险溢价率，其计算公式如下。

风险溢价率 = 全市场指数盈利收益率 – 中国 10 年期国债收益率

= SY–BY

SY 是全市场指数盈利收益率的简称，BY 是中国 10 年期国债收益率的简称。

从这个公式中可以看到，风险溢价率越高，投资者对其投资股票所承担风险的补偿要求越高。

在实际估值中，全市场指数盈利收益率越高，中国 10 年期国债收益率越低，SY–BY 的值越高，风险溢价率越高，股市越具有投资价值。

在历史上，SY–BY 的数值为 3%~5% 时都是绝佳的投资机会。SY–BY 的数值越大，越值得投资者加大定投比例。二师父在这里要重点说明一下，对于 SY，我采用的是 Wind 数据显示的万得全 A 指数市盈率计算的，如果采用沪深 300 指数市盈率计算，就会导致 SY 发生变化，从而影响风险溢价率指标的计算结果。

5. 多指标综合运用

高手从来都不只是学习一招半式。还记得《隋唐英雄传》里面的程咬金吗？他本来学习的功夫是三十六路天罡斧，对应三十六般变化。但是，程咬金只真正领悟了前面的三板斧。这三板斧精妙绝伦、威力非凡。凭借这三板斧，程咬金也足可以混迹江湖了。而当他碰到靠山王杨林的时候，就原形毕露，因学艺不精而被生擒。

这和学习股市投资一样，通过简单的市盈率和市净率对比，可以在市场上避免亏损，还能小赚一点，而真正和高手对决的时候，就显得捉襟见肘了。所以，投资者在估值的时候一定要多指标综合判断，综合基本的估值指标，包括市盈率、市净率、股息率、净资产收益率、盈利收益率相对国债收益率比率、巴菲特指数、汇率、利率、PMI、CPI 等微观和宏观经济指标。

投资可以很简单，但不可能很容易。用专业审慎的态度对待投资，才会避免发生重大亏损；用多种估值指标衡量市场估值，才不至于过度焦虑和恐惧。

9.3　为什么债券基金也会下跌

在写作本书时，我国市场的债券基金正在经历一次下跌。不仅跌，有的还大跌。为什么会这样呢？

债券的风险主要有两点：第一是违约风险，第二是利率风险。债券基金或者债券大跌主要是这两点原因。

违约风险

违约风险是指债券发行单位借了投资人的钱之后无法偿还本金或利息。

如果某只债券基金重仓了这类出现实质违约的债券，它的下跌幅度可能会比股票基金还大，跌 20% 都是常态。

为什么债券会违约呢？债券相当于发行单位借了债权人的钱，然后给债权人的借款凭证。

不管是发行单位向你借钱，还是生活中的朋友向你借钱，都可能出现违约。比如，企业经营不善，资金链断裂；朋友做生意亏了，欠了一大笔债务。

在这种时候，即使是平时有信誉的企业或者平时关系非常好的朋友，也会开始赖账。

所以，投资者购买债券一定要购买 AAA 级别的债券，不要买 C 类债券。而保险的做法是购买国债基金，因为国债有国家信用背书，一般不会出现违约。

利率风险

长期债券的价格和利率是负相关关系，利率越低，债券价格越高。

如果利率是上行态势，那么债券价格就是下行态势。

2022 年美联储持续加息，美国利率持续上行，由此引发了美债大跌。

因此，综合考虑，利率上行和债券违约会导致债券基金下跌。

9.4 几个常见的投资心理误区

如前文所说，投资水平的高低跟数学、金融学知识掌握的多少没有太大关系，跟哲学、心理学及人性的洞察关系很大。只有了解了常见的投资心理误区，在投资的时候尽力避免，才可以让自己的投资收益越来越好。

外来的和尚会念经

很多人觉得A股大涨大跌，没有投资价值。在这个认知基础上，有些投资者想通过投资德国股票、法国股票来取得更高的收益。

这是典型的“外来的和尚会念经”的心理。

人总是吃着碗里的，还去看着锅里的，超级贪心。可是，这样迷信海外市场，真的能够做好投资吗？

大概率应该是做不好的。长期统计数据显示，每个国家低估值、高股息价值股的长期投资回报率都显著优于高估值的成长股。

把自己已经拥有的利用好才是最明智的做法，什么都想要的结果就是什么都得不到。

过度自信

大多数人都有自负心理，在资本市场上更是如此。牛市疯涨带来账户收益的大幅度增长会让很多人过度放大自己的水平和能力，而忽视自己的短板和缺陷。

往往自信者可以克制自己骄傲自满的心态，在众人躁动不安的市场环境中淡定地持有，最终获利后悄悄离场。

而自负者就会在极端疯狂的市场中把自己定义为股神，高位接盘，最终成为买单的人。

这是高手和“水手”的最本质区别。越是在牛市顶峰的时候，越要警惕，不能够盲目自负，否则距离失败就是一步之遥。

锚固偏见

什么是锚固偏见?

比如，某只基金涨了很多，投资者的常见心理就是既然涨了这么多，为什么还不卖出呢?

再比如，某只基金跌了很多，投资者的常见心理就是既然跌了这么多，为啥还不买入呢?

以买入价格来衡量基金的便宜和昂贵就是锚固偏见，这是非常常见的思维误区。

产生锚固偏见的最本质原因是投资者把基金的涨跌和基金的价值挂钩。而实际上，基金的涨跌更多是受到了市场情绪的影响。

要想避免锚固偏见，最好的办法是学会估值。

无论基金涨多少，只要基金的价格仍旧低于价值，那么这只基金就值得投资。无论基金跌多少，只要基金的价格仍旧高于价值，就不能投资。

以易方达中概互联 50ETF 为例，2020 年涨幅过大，导致其价格远远高于内在价值；2021 年上半年下跌之后，其价格仍旧高于内在价值，这时候如果以高点的价格作为锚固点的话，就会误判其比较便宜，从而错误地加仓。

亏损厌恶症

人都有厌恶损失的心理。而且，同等程度的盈利并不能够抵消同等程度的损失。

损失厌恶心理会给投资者带来比较大的损失。

第一是在投资某只基金的过程中，如果基金下跌，投资者会一直死捂，认为只要是浮亏就不是真正的亏损。

这种“装死”行为会给投资者带来巨大的损失，尤其是死死拿住垃圾股票的人，最终基本上会亏光本金，这是股市的特点。

第二是损失厌恶心理会导致投资者无法承受浮亏，当投资的指数基金跌到一定程度时，有些人就会因承受不了亏损而割肉。心理承受能力弱的朋友经常会频繁操作，割肉频率比较高。

因为极度厌恶损失，承受不了下跌，在超级大熊市的时候，很多人也会卖出自己投资的优质指数基金。

以上就是投资常见的四种心理误区。大家可以结合自己的操作来反思是否有这些心理误区，及时克服自己的心理问题，因为只有在良好投资心理的指导下才能够做好投资。

9.5 投资 ETF 要不要择时

ETF 是一个很好的投资品种，无论是场内 ETF，还是场外 ETF 联接基金，都值得普通投资者投资，利用这个简单的投资品种实现资产保值增值。

那么，投资 ETF 是否需要择时呢？是否买入之后长期持有就一定能够稳定盈利呢？

从历史统计数据来分析，高位接盘 ETF，一般都要被套多年。以消费行业指数 ETF 为例，投资者在 2021 年顶峰买入还是在 2018 年底部买入，收益率差别非常大。

很多人都在讲：“连基金经理都做不到择时，我如何能够做到呢？”

这个观点源于对择时的误解。择时并非预测，不是说今天买入明天就涨，而是大致判断市场的位置、基金的收益预期以及当前的价格是否便宜。所以，择时就是保证自己买入的是优质基金，同时买入的价格不是很贵。

公募基金经理不擅长择时或者客观条件限制了他们择时的效果，这不代表择时没有效果。

最简单的择时是在低估区域买入宽基指数基金，如上证指数 ETF、沪深 300ETF、中证 500ETF、中证 1000ETF、标普 500ETF，在高估区域卖出。普通投资者利用这一法则便不容易亏损，难道这不是择时吗？

进一步的择时便是根据人性的恐慌和贪婪判断市场的位置，这源于对人性的理解和把控。

在众星捧月中转身离开，在集体唾骂中慢慢积累。这属于高级择时方法。

为什么在 2016 年之后，市场上出现了择时无效的观点呢？

主要是因为 2016 年之后外资持续流入 A 股市场，他们增持的是大市值白马股和蓝筹股，外资的持续流入让我国的蓝筹股一路走高，以致于很多人认为投资不需要择时，只需要买入之后长期持有即可。而这一切都是有周期的，蓝筹股行情在 2021 年初戛然而止，这一段蓝筹股行情的缘起和终结有点类似美国在20世纪70年代初的“漂亮50”的传奇。

“漂亮50”是对美国20世纪60年代末到70年代初最受投资者追捧的50家涨势凶猛的大蓝筹企业的统称。这些公司包括运通公司、可口可乐、迪士尼、柯达、花旗银行、通用电气、IBM、宝洁等大市值企业。

“漂亮50”在1971—1972年的涨幅远远超过了标普500指数。两年时间，美国“漂亮50”组合中50只股票的算数平均涨幅是102%，同期标普500指数的涨幅仅为36%，“漂亮50”的涨幅是标普500指数的3倍。

尤其是1972年，在市场整体震荡甚至下滑的时候，“漂亮50”仍在上涨，出现了当时所谓的“二层次市场”，即市场分为上层的50只股票（持续上涨的“漂亮50”）和下层的“橡皮”（持续下跌的“非漂亮50”股票）。

这让当时的投资者对“漂亮50”出现了幻觉，认为只要公司业绩好，无论付出多高的价格都可以接受。截至1972年底，美国“漂亮50”的平均市盈率达到了41.5倍，而同期标普500指数的市盈率才19倍。

任何资产的涨跌都是有周期性的。泡沫破灭的原因在于石油危机导致美元贬值，美联储收紧流动性，“漂亮50”的高估值无法持续。

“漂亮 50”泡沫巨大，熊市期间跌幅也最大，从 1972 年年底到 1974 年 9 月的市场低点，“漂亮 50”跌幅近 50%。

而 A 股从 2021 年年初到 2022 年 10 月，上证 50 指数（类似曾经的美国“漂亮 50”）最大跌幅也达到了 40%。

如果不择时，一味地买入持有，那么在外资持续抛售蓝筹股的时候，投资者的账户会出现市值接近腰斩的情况。

适合择时主要是因为 A 股是散户主导的市场，流动性过剩，因此 A 股的主旋律是大涨大跌，快上快下。如果能抓住上升浪的波段，避开下跌浪的波段，胜率就会很高，而不是在主跌浪周期一味地抄底被套，再抄底、再深度被套，这是错误的投资模式。

如何判断市场底部

判断市场底部可以采用一些量化指标，比如市盈率、市净率、市销率、PEG，还有成交额和新增开户数等，都可以作为定量判断的依据。

除了这些指标，也有一些定性的指标，具体如下。

第一，利好政策。当市场处于底部的时候，会有各种利好政策出台。常见的有降准、降息政策，降低各种交易税费，超极大利好是降低印花税。

第二，新股持续破发。新股破发概率如果高达 30%~60%，那么市场很可能处于熊市底部。最惨烈的是可转债破发，一般可转债持续出现破发可以理解为市场已处于历史性大底。

第三，新基金募集失败。新发行的基金如果规模低于 2 亿元，就算失败了。在熊市底部，往往投资者投资意愿低迷，总会出现新基金募集失败的情况。

第四，明星基金放开限购。牛市的时候，明星基金经理受到热捧，很多基金经理会限制自己基金的购买。然而，熊市的时候明星基金跌幅也会在 40% 以上，市场又比较便宜了，于是明星基金经理会放开限购。

需要注意的是底部只有真正走出来大家才会知道，在整个过程中谁也无法预料哪里是真正的底部。

9.6 定投和一次性配置的区别

投资有多种方式，有定投，也有一次性配置。后者是一次性购买各类基金，前者是每月或者每周定期、定额买入基金。两种方式分别适合不同的行情和不同类型的资金。

1. 定投和一次性配置适合不同的行情

定投适合单边下行的行情，因为预期市场是不断下跌的，所以在不断下跌的过程中分批加仓可以让自己的平均成本不断降低。A 股市场牛短熊长，是非常适合定投的。

一次性配置适合单边上行行情，比如从底部区域开始的主升浪。

2. 定投和一次性配置适合不同的资金

投资者大多都有存款，不然也不会来进行投资，同时每月也都会有固定的现金收入。账户既有的存款是存量资金，每月固定的现金收入是增量资金。

一次性配置适合长期不同的存量资金。如果投资者手中的存量资金是 5 年内不用的，那么应该尽量投出去，只要不在市场高位上过多地建立股权仓位，同时进行分散配置，风险是能够控制住的。

定投则适合增量资金。因为每月都有收入，所以应该每月尽可能地去买入当时最优质的资产。

3. 定投的弊端

任何投资模式都有其优势和弊端。定投的弊端不在于时间成本，而在于资金利用率。

比如你有 100 万元投资资金，每期计划投资 5000 元，如果刚定投两期，基金就涨起来了，即使收益率达到 50%，那么整体账户收益率也只有 0.5%，还有 99 万资金没有利用到，这就是定投的弊端。

一次性建立底仓就是一次性配置。投资者可以在市场高位逐步定投，将仓位积累起来，大跌总会到来，只要有耐心坚持定投，就可以逐步积累到合适的仓位。而在市场低位可以一次性配置好优质基金，然后持仓不动，增量资金每月继续定投，这样会大大提升资金的利用率。

9.7　学习投资需要掌握哪些知识

投资知识的系统学习不比拿下学士学位轻松。投资的门槛很低，这给了大多数人一个错觉：投资买基金很简单。而实际上投资门槛虽然低，但难度较大。

投资是一项系统而全面的工程，如果有一个方面没有做好，就可能导致投资失败。真正想学好股票投资，需要很多知识储备。

第一，需要掌握财务方面的知识

会计学是 CPA 考试的必考科目。财务专业的同学可以在读大学时开始备考 CPA，这个证书的含金量比较高，里面的会计审计知识对于在投资时理解财务报表有很大的帮助。

第二，阅读价值投资类书籍

这方面的著作浩如烟海，要想全部学完绝非易事。最有价值的几本书包括：《证券分析》《聪明的投资者》《穷查理宝典》《巴菲特致股东的信》《战胜华尔街》《奥马哈之雾》《投资中最重要的事》《肖星的财务思维课》《彼得·林奇的成功投资》《金融炼金术》《证券投资心理学》《伟大的博弈》《思考，快与慢》《戴维斯王朝》《祖鲁法则》《逆向交易者》《非理性繁荣》《邓普顿教你逆向投资》《约翰·博格的投资 50 年》。

上面列出的这些经典的价值投资书籍，大家在读完之后可以再拓展自己的阅读书单，如果不学习，那么迟早会把学费交给市场。

第三，学习宏观经济和微观经济相关知识

这方面的著作包括：《宏观经济学》《微观经济学》《货币银行学》《金融经济学》《国富论》《人的行动》《通往奴役之路》《宏观经济学史：从凯恩斯到卢卡斯及其后》《经济思想史》《中国是部金融史》《中国是部金融史 2：天下之财》。

第四，学习认识论和哲学方面的知识

哲学是最基本的世界观和方法论，是一个人认识世界和洞悉世界最需要的知识储备。投资是一个人认知的变现，对股市、对社会、对人生有正确的认知和理解，投资者才能够做出正确而理性的决策。这方面推荐的作品包括：《西方哲学史》《开放社会及其敌人》《规训与惩罚》《中国哲学简史》。

第五，学习心理学知识

资本市场的博弈除了金融知识的比拼，还有投资者心理的博弈和竞争。

心理学入门书籍包括：《不要挑战人性》《对权威的服从：一次逼近人性真相的心理学实验》《福格行为模型》《这才是心

理学：看穿伪科学的批判性思维》《心理学与生活》《社会性动物》《社会心理学》《心理学最佳入门》《认知：人行为背后的思维与智能》《认知行为疗法入门》《认知行为疗法进阶》《拥抱你的敏感情绪：疗愈情绪接纳自我》《回弹力》《亚当夏娃在拂晓》《谁在我家：海灵格新家庭系统排列》《态度改变与社会影响》《乌合之众》《天才在左、疯子在右》《少有人走的路》《梦的解析》《亲密关系》。

广博的知识储备是我们成为一名优秀投资者的基础，若想在金融领域有所建树，我们需要持续不断地学习。